Élise Fontenaille

Banksy et moi

Vocabulaire par
Laure Boivin

Ernst Klett Sprachen
Stuttgart

Bildquellenverzeichnis
29 © Manifestant aux fleurs – Banksy – Cisjordanie_shutterstock (Ryan Rodrick Beiler), New York;
31 © Banksy, la femme de ménage _mauritius images / Chloë Chapman / Alamy; 31 © Banksy,
La petite fille et le soldat_mauritius images / Pete Bone / Alamy

1. Auflage   1   ⁶ ⁵ ⁴ ³ | 2022 21 20 19 18

© der Originalausgabe: Éditions du Rouergue, 2014
© Ernst Klett Sprachen GmbH, Rotebühlstraße 77, 70178 Stuttgart 2017.
Alle Rechte vorbehalten.
Internetadresse: www.klett-sprachen.de

Autorin der Worterklärungen: Laure Boivin
Redaktion: Anne-Sophie Guirlet-Klotz
Layoutkonzeption: Andreas Drabarek
Gestaltung und Satz: bostext, Friolzheim
Umschlaggestaltung: Andreas Drabarek
Titelbild: Shutterstock (donatas1205), New York
Illustrationen S. 53, 60, 62 und 72: © funkynotes (Nicole Funke), Ludwigsburg
Druck und Bindung: Medienhaus Plump GmbH,
Rolandsecker Weg 33, 53619 Rheinbreitbach
Printed in Germany

ISBN 978-3-12-592302-6

Table des matières

Introduction

1. L'auteur

Élise Fontenaille est née à Nancy en 1960. Après des études de sociologie et d'ethnologie à Bordeaux et Toulouse, elle devient journaliste. Aujourd'hui, elle habite Paris et se consacre à l'écriture de romans. Cela dit, elle aurait aussi aimé être *street artist* !

Ses romans pour la jeunesse sont principalement publiés au Rouergue et ses romans pour les adultes, chez Grasset, Stock et Calmann-Levy.

Retrouve sa bibliographie jeunesse sur : http://www.lerouergue.com/auteurs/fontenaille-elise

2. Le roman

Darwin a 15 ans. Il est d'origine somalienne et vit avec sa mère, Ophélie, à Paris. Ophélie est chauffeur de taxi et travaille la nuit. Darwin, quand il n'est pas au lycée, aime faire la cuisine et des vidéos dans la rue ! Quand, dans son quartier, des promoteurs immobiliers expulsent les gens de leurs immeubles pour les rénover, Darwin décide de laisser un signe mystérieux au milieu des ruines. Il demande de l'aide à Eva, une fille de sa classe, qui sait très bien dessiner. Le début d'une grande aventure ?

3. Comment préparer ta lecture ?

- Lis les conseils pages 9 et 10 pour comprendre plus facilement le vocabulaire.
- Quand tu as lu un chapitre, résume les informations importantes de l'histoire dans un carnet de lecture en te posant les questions suivantes :

> Qui ?
> Quelles actions ?
> Quand ?
> Pourquoi ?

Chap.	Titre	Résumé	Mots-clés
1	Darwin et Ophélie		
2			
3			
…	…	…	…

Note également des mots-clés que tu ne veux pas oublier.

Pour comprendre le vocabulaire

Si tu as envie de lire un texte sans chercher tous les mots dans un dictionnaire, il y a des méthodes simples pour retrouver leurs sens.

1. La famille du mot

Pour trouver le sens d'un mot, il faut trouver sa famille, c'est-à-dire sa racine (Wurzel).

Par exemple :
– « **célébrité** » (p. 32)
   Tu connais l'adjectif « **célèbre** » (= bekannt, berühmt).
   La terminaison – ou suffixe – -**ité** sert à former un nom à partir d'un adjectif qui indique une caractéristique ou une notion abstraite : « **célébrité** » = Berühmtheit.
– « **dizaine** » (p. 55), « **douzaine** » (p. 39), « **centaine** » (p. 61)
   Tu connais les nombres dix, douze et cent (zehn, zwölf, hundert).
   La terminaison – ou suffixe – -**aine** indique un ensemble/une quantité d'éléments : « **dizaine** » = un ensemble de dix, « **douzaine** » = un ensemble de douze, « **centaine** » = un ensemble de cent.
– « **interminable** » (p. 63)
   Tu connais le verbe (se) **terminer** (= enden). Le suffixe -**able** indique un adjectif et le préfixe **in-** indique le contraire. « **interminable** » = qui ne se termine pas (endlos).
– « **le désespoir** » (p. 68)
   Tu connais le substantif **espoir**. La préfixe **dé-** indique le contraire, le manque. « le désespoir » = le manque d'espoir (Hoffnungslosigkeit).
– « **grandir** » (p. 75)
   Tu connais l'adjectif **grand**. La terminaison -**ir** indique un verbe du 2ᵉ groupe. « grandir » = devenir grand.

2. Mots identiques en allemand, en anglais

Tu peux parfois deviner le sens de mots français à partir de mots allemands ou anglais que tu connais :

rare (p. 17)	rare
un gène (p. 21)	Gen
récessif (p. 21)	rezessiv
dominant (p. 21)	dominant
ridicule (p. 24)	ridicule, ridiculous
une fresque (p. 29)	Fresko
une injustice (p. 32)	injustice
une cage (p. 58)	cage
une jungle (p. 58)	jungle
une collection (p. 79)	collection

3. Le contexte

Enfin, lis bien les mots placés avant et après le mot/le passage inconnu. Cherche le thème de la phrase ou du paragraphe et note ce que tu as compris. Cela t'aidera à identifier le mot, le passage.

Klett-Augmented

Zu diesem Buch gibt es Audio und Bilddateien die mit der
Klett-Augmented-App geladen und abgespielt werden können.

   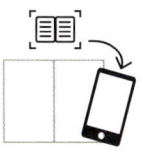 

| Klett-Aug-mented-App kostenlos downloaden und instal-lieren | App auf Smartphone oder Tablet öffnen und Cover auswählen | Kamera des Smartphones oder Tablets über die Seiten mit dem Klett-Aug-mented-Symbol halten und kom-plett scannen | Die Medien-dateien laden, direkt abspielen oder speichern für Offline-Nutzung |

Ruthless

by William DeMille

Outside, the woods lay in clear October sunlight; the autumn air was full of the sharp, exciting smell of moist, leaf-covered earth. Inside, a man smiled grimly as he turned from the bathroom cabinet,
5 entered the primitive living-room of his mountain camp, and crossed to a closet set in the pine wall.

It was his special closet with a spring lock, and in it he kept guns, ammunition, fishing-rods, and liquor. Not even his wife was allowed to have a key, for Judson Webb loved his personal possessions and
10 became furious if they were touched by any hand but his own.

Alec lived about a mile down the road and acted as caretaker for the city folks when they were away.

---

ruthless ['ruːθlɪs] cruel, pitiless | 3 moist [mɔɪst] damp, wet | 4 grimly in an unpleasant, unfriendly way | 6 closet ['klɒzɪt] *(AE)* small cupboard

Banksy et moi

Élise Fontenaille
Banksy et moi

« Certains deviennent flics parce qu'ils veulent rendre le monde meilleur, d'autres deviennent vandales parce qu'ils veulent rendre le monde plus beau. »

Banksy

---

1 **un flic** *fam* un policier

À la mémoire de Saamiya Yusuf Omar, et de son bébé qui ne verra jamais le jour.

À Dom, qui s'en est allée, tagger la voie lactée. À Gaspard et Rémi, et à tous les jeunes que j'ai croisés lors de mes rencontres, ce livre n'existerait pas sans vous.

Merci à Rémi, pour le remix !

Darwin et Ophélie

Mon nom, c'est Darwin, je vis dans un quartier de la ville en chantier permanent : chaque jour ici on démolit, et en même temps, on reconstruit. Seulement, c'est pas ceux qu'on chasse des taudis qui vivront ici, ça non : le quartier est devenu super cher, à ce que dit ma mère, et ma mère, elle s'y connaît en vie chère.

Ça expulse à tour de bras, et ça c'est un spectacle bien triste à voir : des familles entières à la rue, parce que les parents – des mères seules avec leurs mômes souvent – ne peuvent plus payer le loyer, qui grimpe en flèche… même quand on a un travail, c'est plus possible de suivre.

Ma mère encore, elle s'en sort, elle a un bon job, et puis notre proprio n'est pas un requin, c'est rare, mais ça existe.

Juste en face de chez nous, il y a un grand mur en parpaings gris – un garage abandonné –, toutes nos fenêtres donnent dessus, c'est tout ce qu'on voit, ça lui flanque le cafard ce grand mur gris à ma mère :

– Ils pourraient pas le foutre en l'air, au lieu de fracasser l'immeuble d'à côté à coups de bulldozer et de chasser ces pauvres gens ?

Moi je m'y suis fait, je suis né ici, je l'ai toujours connu ce mur moche, alors…

Ma mère s'appelle Ophélie. Elle est chauffeur de taxi, elle travaille de nuit, le jour je ne dois faire aucun bruit ; elle rentre à l'aube et dort la journée, comme les chauves-souris.

---

2 **un chantier** Baustelle | 2 **démolir** détruire, casser | 3 **chasser qn** obliger qn à partir | 3 **un taudis** Elendsbehausung | 6 **expulser qn** jdn zur Räumung zwingen | 6 **à tour de bras** avec force | 8 **un môme** *fam* un enfant | 8 **le loyer** Miete | 9 **grimper en flèche** *ici :* être de plus en plus cher | 12 **un proprio** *fam* un propriétaire | 12 **un requin** Hai (*ici : fig*) | 13 **le parpaing** Leichtbaustein | 14 **donner sur qc** *pour une fenêtre :* auf etw hingehen | 15 **flanquer le cafard à qn** *fam* jdn trübsinnig machen | 16 **foutre qc en l'air** *fam ici :* détruire | 16 **au lieu de** anstatt | 18 **se faire à qc** s'habituer à qc (sich an etw gewönnen) | 19 **moche** *fam* ≠ beau | 21 **l'aube** *f* Tagesanbruch | 22 **une chauve-souris** Fledermaus

Elle est née dans un pays d'Afrique où j'ai jamais mis les pieds : la Somalie. Un pays où j'ai pas trop envie d'aller : il y a la guerre tout le temps, les gens meurent de faim par milliers… Un ami d'Ophélie, qui bosse pour une ONG et va souvent là-bas, Jean-Bernard (on l'appelle Jibé), m'a dit qu'en Somalie, il y a les plus belles femmes du monde.

– … Et je m'y connais, en femmes ! Regarde ta mère : elle ressemble bien plus à une princesse des *Mille et Une Nuits* qu'à un chauffeur de taxi – la Reine de la Nuit.

Et ils se marrent, tous les deux.

J'aime bien quand elle rit, Ophélie, j'aime quand elle chante aussi, une langue que je ne comprends pas, mais qui me remue le cœur, des paroles douces et chaudes comme le vent qui râcle les montagnes bleues de Somalie, loin d'ici.

Ma mère, Jibé l'a connue une nuit à l'aéroport – il revenait d'Afrique, où il passe la moitié de sa vie à essayer d'aider les gens à ne pas mourir de faim, de soif, de maladies… mais ça ne marche pas vraiment. Les guérillas compliquent tout, à ce qu'il dit, comme si la sécheresse et le désert qui s'étend ne suffisaient pas… et les corps des enfants finissent dévorés par les mouches.

Donc une nuit en rentrant de Somalie, il est monté dans le taxi d'Ophélie, ils ont beaucoup parlé, la course s'est finie au café. Le jour se levait, ils y étaient encore, et ils sont devenus amis. J'aime bien Jibé, il essaye pas de me servir de père, et ça c'est une bonne idée. Il raconte bien, en plus il est drôle : la première fois qu'il est arrivé à Mogadiscio, la capitale du pays, il s'est fait rapter par deux types soi-disant chauffeurs de taxi, ils l'ont dépouillé au coin d'une rue, ils lui

---

2 **une guerre** Krieg | 4 **bosser** *fam* travailler | 4 **une ONG** une organisation non-gouvernementale (Nichtregierungsorganisation) | 9 **se marrer** *fam* rire | 11 **remuer** mettre en mouvement (*ici : fig*) | 12 **des paroles** *fpl* des mots | 12 **râcler** *ici :* schleifen | 17 **la sécheresse** Trockenheit | 18 **le désert** Wüste | 18 **suffire** reichen | 19 **dévorer** fressen | 21 **une course** *ici :* Fahrt | 25 **rapter** *fam* kidnapper | 25 **soi-disant** angeblich | 26 **dépouiller qn** jdn berauben

ont tout pris, mais alors tout – ils l'ont laissé à poil dans la rue, pas même en slip :

– Nu comme si je sortais du ventre de ma mère ! Ça ne l'a pas dégoûté, ni de la Somalie ni des chauffeurs de taxis, aujourd'hui quand il raconte ça, il en rit. Ophélie est arrivée en France à quinze ans, toute seule, elle connaissait personne-personne-personne… Elle a drôlement galéré, les premières années. Et puis elle a réussi à passer le permis, grâce à une association qui aide les femmes seules à s'en sortir, et elle est devenue chauffeur de taxi.

Elle adore conduire, surtout la nuit ; c'est calme, il n'y a personne dans les rues, tout est différent : la ville, les gens, les lumières, les clients.

– Je vois de drôles de numéros, crois-moi : oh ! la la ! Je pourrais écrire un bouquin, avec tout ce que je vois. Elle a de la chance, elle ne s'est jamais fait agresser.

Une femme seule au volant d'un taxi, la nuit… Jibé a un peu peur pour elle, moi pas.

– Ne t'en fais pas, Darwin, il ne m'arrivera jamais rien, rien de mauvais en tout cas, que des bonnes surprises… Regarde, toi : cadeau du ciel ! Dieu veille sur moi.

Elle croit en Dieu, Ophélie, moi pas.

Elle fait le ramadan, mais elle m'embête pas avec ça.

– Un jour, il te fera un signe, et tu croiras.

J'ai même le droit de manger du porc, mais j'ai pas envie.

Cadeau du ciel, cadeau du ciel, c'est vite dit… Elle a bien dû croiser un homme quelque part, ma daronne !

1 **à poil** tout nu (ganz nackt) | 4 **dégoûter qn** es jdm verleiden | 7 **drôlement** *fam* beaucoup | 7 **galérer** *fam* kämpfen | 8 **le permis** *ici :* le permis de conduire (Führerschein) | 13 **un numéro** *ici : fam* une personne | 14 **un bouquin** *fam* un livre | 15 **se faire agresser** überfallen werden | 18 **s'en faire** se faire du souci (sich Sorgen machen) | 20 **veiller sur qn** auf jdn aufpassen | 22 **embêter qn** *fam* jdn nerven | 23 **faire un signe à qn** jdm ein Zeichen geben | 26 **une daronne** *fam* la mère

Mais mon père, elle n'en parle jamais : sujet tabou. À l'école, depuis tout petit, j'ai appris à écrire « dcd », en face du nom du père, comme ça les profs m'embêtent pas.

Si on me pose des questions, je prends l'air grave et triste – à force j'ai appris à jouer la comédie – et on me fiche la paix. Ophélie, elle vaut bien un père et une mère !

J'ai des amis, leur père, c'est une telle calamité… Franchement j'aime autant ne pas en avoir.

Ophélie, c'est pas son vrai nom, le vrai, le somalien, il est imprononçable ici, les bouches blanches n'y arrivent pas, comme elle dit, alors elle a choisi Ophélie.

Surtout, je crois qu'elle avait envie de tirer un trait sur sa vie d'avant, de tout recommencer à zéro, et ça, je peux comprendre : une nouvelle naissance, comme si, en arrivant ici, elle s'était donné elle-même la vie. Un jour, je suis tombé sur le blog culinaire d'une Somalienne exilée au Groenland : pour se réchauffer, elle avait mis des recettes de chez elle avec plein d'épices, du riz, de l'agneau, des fruits secs… La première fois que je lui en ai fait une, elle en a pleuré, Ophélie. Un plat tout simple, un riz pilaf avec des épinards et du cumin… Dès qu'elle l'a goûté, les larmes lui sont venues aux yeux : j'étais tombé « par hasard » sur un plat que sa grand-mère lui faisait quand elle était môme…

Mais il n'y a pas de hasard, comme dit Jibé.

J'aime bien ma mère, ça me fait plaisir de lui faire plaisir, elle n'a pas une vie facile, mais elle a toujours le sourire.

Sauf quand elle regarde le mur gris, en face de nos fenêtres : là, elle fronce les sourcils, son regard devient triste et vide, comme le mur.

---

2 **dcd** décédé, mort | 4 **grave** *ici :* sérieux | 4 **à force** mit der Zeit | 5 **ficher la paix à qn** *fam* laisser qn tranquille | 6 **valoir** *ici :* wert sein | 7 **une calamité** une catastrophe | 7 **franchement** vraiment | 15 **culinaire** en rapport avec la cuisine | 16 **se réchauffer** → chaud | 17 **des épices** *fpl* Gewürze | 17 **le riz** Reis | 17 **l'agneau** *m* Lamm | 17 **des fruits secs** Trockenfrüchte | 18 **pleurer** weinen | 19 **pilaf** Pilaw (besondere Reiszubereitung) | 19 **les épinards** *mpl* Spinat | 19 **dès que** sobald | 26 **froncer les sourcils** *mpl* die Augenbrauen runzeln

duich Haut

Je lui ressemble, j'ai les traits fins comme elle, la peau sombre, le visage étroit ; mais les yeux « comme si on les avait découpés dans un ciel d'été », je ne les tiens pas d'elle, aucune chance ! Un souvenir de l'homme qui est passé dans sa vie…

La génétique, on a fait ça en biologie : les gènes récessifs, dominants, et compagnie. Donc, mon père, il a forcément les yeux bleus, c'est tout ce qu'il m'a laissé, le bâtard, avant de disparaître.

À un moment, chaque fois que je croisais un type aux yeux comme les miens dans le quartier, je me disais : _C'est peut-être lui ?_ Et puis, ça m'a passé.

Je me plains pas : la peau sombre et les yeux clairs, ça plaît aux filles.

hässliche Mauer

Pour ne pas voir le mur moche, Ophélie a mis des rideaux devant les fenêtres, des grands rideaux de toutes les couleurs.

Quand j'étais môme, on rêvait qu'on était au bord de la mer, ou près d'une rivière, ou dans une forêt…

C'est fou ce qu'on pouvait imaginer, derrière les rideaux, pour effacer les parpaings… c'était devenu un jeu entre nous.

La rue, c'est une impasse, on n'entend pas les voi- tures, même le jour, et ça c'est une sacrée chance, comme ça elle peut dormir tranquille la journée, en rentrant du boulot.

La nuit, quand elle fait le taxi, Ophélie, je suis seul à la maison, mais ça me dérange pas, j'ai l'habitude… J'aime bien être seul, je me raconte des histoires, ça me tient compagnie.

À Noël dernier, Jibé m'a offert une petite caméra numérique, depuis, je filme tout ce que je vois.

L'expulsion, tiens : un matin j'ai été réveillé très tôt, à cinq heures, par des cris de femmes et d'enfants…

1 **les traits** _mpl ici :_ Gesichtszüge | 2 **étroit, e** eng | 2 **comme si** als ob | 3 **tenir qc de qn** jdm ähneln | 6 **et compagnie** _fam_ etc. | 6 **forcément** zwangsläufig | 7 **un bâtard** _ici : péj_ Blödmann | 11 **se plaindre** sich beklagen | 13 **un rideau** Vorhang | 18 **effacer** faire disparaître | 19 **une impasse** Sackgasse | 21 **le boulot** _fam_ le travail | 27 **une expulsion** → expulser p. 17

On expulsait les habitants de l'immeuble au coin de la rue, j'ai pris ma caméra et j'ai tout filmé.

Il y avait un monde fou : les flics, les huissiers, les gens avec leurs affaires en vrac sur le trottoir, des voitures bleues avec des gyrophares…

Il faisait à peine jour, les bébés hurlaient dans les bras de leurs mères qui pleuraient, et moi je filmais.

À un moment un flic m'a vu, il a voulu me chourer ma caméra – je sais, il avait pas le droit mais les flics ont tous les droits –, j'ai filé comme un rat et je suis rentré chez moi.

Le soir même, j'ai fait le montage et j'ai tout balancé sur Vimeo. Jibé a été bluffé, Ophélie aussi :

– Notre Darwin est devenu grand reporter…

Jibé a envoyé le lien à sa copine Élisabeth, qui est journaliste au *Parisien*, elle l'a mis à la fin de son article, mon film a été repris un peu partout… Mais bon, on s'émeut vite sur la toile, mais on passe encore plus vite à autre chose.

On s'indigne, on s'indigne, et puis on oublie.

---

3 **un monde fou** *fam* beaucoup de monde | 3 **un huissier** Gerichtsvollzieher | 4 **en vrac** durcheinander | 4 **un gyrophare** Blaulicht | 6 **à peine** kaum | 6 °**hurler** crier | 8 **chourer** *fam* voler, prendre | 9 **filer (comme un rat)** partir vite | 11 **balancer** *ici : fam* mettre | 12 **bluffé** *fam* baff | 14 **un lien** *ici :* Link | 16 **s'émouvoir** ressentir des émotions, *ici :* réagir (en commentant, en partageant une vidéo…) | 16 **la toile** Internet | 18 **s'indigner** sich empören

Eva la Martienne

Même moi, tiens… Ces temps-ci, j'ai autre chose que le malheur des autres en tête : je suis amoureux.

Je pensais que ça ne m'arriverait *jamais*.

Mais amoureux à en avoir des ailes dans le dos, à penser à elle jour et nuit, à danser sur un fil, à en perdre le sommeil.

La fille que j'aime, elle s'appelle Eva.

Elle a les cheveux courts en pétard, de grands yeux gris un peu fendus, étirés vers les temps, elle s'habille toujours en noir. Elle est arrivée pendant l'année, elle parle à personne au lycée, elle dessine en cours, tout le temps, même à la cantine, à croire qu'elle est née un crayon à la main.

C'est beau ce qu'elle fait, elle a de l'or entre les doigts, beau et barge : des enfants qui volent, des villes-monde qui s'élancent vers le ciel, des maisons dans les arbres, des hommes-fleur de toutes les couleurs…

J'aimerais bien lui demander un de ses dessins pour le coller sur mon agenda, mais j'ose pas… elle fait semblant d'être là avec nous, mais je vois bien qu'elle est loin.

Elle a un drôle d'accent, personne sait d'où elle vient, et moi, dès que je la vois, j'ai des images d'oiseaux plein la tête.

Eva, j'oublierai jamais la première fois que je l'ai vue. Elle avait l'air de tomber de la lune, elle avait un carton à dessin sous le bras, plus grand qu'elle… Les filles l'ont tout de suite eue dans le nez :

– Elle se prend pour qui, la nouvelle ?

---

1 **le malheur** Unglück | 4 **une aile** Flügel | 5 **un fil** Faden, Seil | 5 **le sommeil** Schlaf |
7 **en pétard** *ici :* zerzaust | 8 **des yeux fendus** Schlitzaugen | 8 **étirer** ziehen | 8 **la tempe**
Schläfe | 12 **l'or** *m* Gold (*ici : fig*) | 12 **barge** *fam* fou | 13 **voler** fliegen | 13 **s'élancer** *ici :*
ragen | 16 **faire semblant de faire qc** faire comme si on faisait qc | 18 **un drôle d'accent**
un accent bizarre | 21 **un carton à dessins** Zeichenmappe | 22 **avoir qn dans le nez** *fam*
détester qn | 23 **Elle se prend pour qui ?** *expr* Für wen hält sie sich denn ?

Mais moi, elle m'a plu au premier coup d'œil : sa démarche, son regard, son air de tout le temps être ailleurs…

Les rares fois où elle m'a regardé, j'ai cru m'envoler. Elle a des yeux couleur de ciel sous la pluie : jamais vu d'yeux comme ça avant,
5 toujours changeants, selon l'humeur et le temps, on croirait deux flaques d'eau où les nuages passent. Ça va, je sais, j'ai l'air ridicule quand je me lance dans la poésie, mais je m'en fous, de l'air que j'ai.

C'est Eva qui me rend comme ça, et j'aime ça, marcher à côté de mes pompes, m'envoler avec de grands mots, et me prendre les pieds
10 dans le lino.

Je sais pas où elle vit, Eva, je sais rien d'elle, elle se mêle jamais aux autres filles, encore moins aux garçons. Les profs la laissent tranquille, même la Beaulieu, qui houspille tout le monde, à croire qu'elle ne la voit pas. Elle me fait penser à une Martienne : comme si elle était
15 tombée d'une autre planète, son look, sa voix, tout ça…

C'est ça qui me plaît chez elle : Eva la Martienne.

---

1 **une démarche** Gang | 2 **l'air** *m ici :* Miene | 2 **ailleurs** woanders | 5 **selon** je nach |
5 **l'humeur** *f* Laune | 6 **une flaque d'eau** Pfütze | 7 **je m'en fous** *fam* ça m'est égal | 7 **l'air**
ici : Aussehen, **avoir l'air** aussehen | 8 **marcher à côté de ses pompes** *fam* völlig daneben
sein (**les pompes** *fpl fam* les chaussures) | 9 **se prendre les pieds dans le lino** (/ **le tapis**)
sich verheddern | 11 **se mêler aux autres** aller avec les autres | 13 °**houspiller qn** jdn
ausschimpfen | 14 **un Martien, une Martienne** qn qui vient de la planète Mars

cinéaste et cuisinier

– Qu'est-ce que tu aimerais faire plus tard, m'a demandé Jibé l'autre soir – la question qui tue.

Vrai, j'y avais jamais pensé.

– ~~Cinéaste~~ ! j'ai dit.

C'est sorti tout seul, j'ai même pas réfléchi.

– C'est vrai que tu es doué, mais le ciné ça nourrit pas son homme, et gagner sa vie ce sera de plus en plus dur, crois-moi… Il faut que tu aies un boulot a-li-men-taire !

– Jibé a raison, a dit Ophélie, qui était en train de lire *Auto-moto* en mangeant du nougat, allongée sur le canapé.

Un travail a-li-men-taire… J'ai pas eu à chercher loin : cuisinier, ça c'est un bon taff !

Car franchement, à part filmer, ce que j'aime vraiment dans la vie, c'est faire à manger. Depuis que je suis tout petit…

Peut-être parce que ma mère n'a jamais le temps ? Je sais pas, c'est un don, comme elle dit :

– Dieu t'a fait cuisinier, tu peux lui dire merci : quoi de plus beau que nourrir le monde ?

Voyant que ça m'intéressait, une voisine qui partait vivre en Guyane m'a filé ses livres de cuisine, un carton plein, de tous les pays : Thaïlande, Haïti, Japon, Martinique, Birmanie…

Des bouquins qui ont bien servi, avec des traces de sauce entre les pages et de belles photos : les images, ça m'inspire plus que les recettes.

---

2 **tuer** umbringen, *ici : fam* fertigmachen | 4 **un cinéaste** qn qui fait des films | 6 **doué, e** talentueux | 6 **ça nourrit pas son homme** *expr fam* es ist eine brotlose Kunst | 7 **gagner sa vie** sein Leben verdienen | 8 **alimentaire** → un aliment, l'alimentation, **un boulot** *fam* **alimentaire** un travail qu'on fait pour gagner assez d'argent pour vivre | 12 **un taff** *fam* un travail | 13 **à part** außer | 16 **un don** un talent (→ doué) | 18 **nourrir** ernähren | 20 **filer** *fam ici :* donner

Le truc, c'est d'aller au marché, il y en a un pas cher sous le métro aérien. Je fais les courses, je m'y mets le soir et, quand Ophélie rentre, sur le coup de cinq heures du mat', après une longue nuit où elle en a vu, un bon plat l'attend sur la table de la cuisine.

5 – Tu as raison ! m'a dit Jibé en dévorant mon risotto aux poivrons, cuisinier, c'est un *excellent* métier. En plus tu seras jamais au chômage : avec la crise, les gens peuvent se passer de tout, mais ils sont pas près de s'arrêter de manger.

Parfois, le soir, quand Ophélie est au travail, il m'emmène dans un
10 restau tenu par un de ses amis, on se régale et après, on discute avec le patron, Isaac, un grand type qui vient du Cameroun, on s'installe tous les trois dans la cuisine :

– … Que tu visites un peu les coulisses ! me dit Isaac. Il soulève ses couvercles, il ouvre ses placards, son frigo géant, il me dévoile ses
15 trucs : les mille façons de cuisiner le bongo, le poulet-bicyclette, l'art d'accommoder le capitaine, du bon usage du piment, toujours un peu mais pas trop :

– Oublie pas que les Blancs, ils ont le gosier fragile, les pauvres chéris – ah ! ah ! ah !
20 Isaac, j'adore quand il rit.

Après, il parle politique avec Jibé, ça me soûle assez vite, je demande à rentrer :

– Désolé, demain j'ai cours…

---

2 **le métro aérien** Hochbahn | 2 **se mettre à faire qc** commencer à faire qc | 4 **elle en a vu**
fam ici : elle a beaucoup travaillé | 5 **dévorer** verschlingen | 5 **un poivron** Paprika | 10 **se
régaler** mit Genuss essen | 11 **le patron** *ici :* Wirt | 13 **soulever** → lever | 14 **un couvercle**
Deckel | 14 **un placard** Schrank | 14 **dévoiler** verraten | 15 **un truc** *ici :* Trick | 15 **le bongo**
plat camerounais à base de poisson ou de viande servi avec une sauce noire aux *épices*
(Gewürze) | 15 **le poulet-bicyclette** plat africain à base de *poulet* (Hähnchen), préparé avec
des *oignons* (Zwiebel) et des épices, souvent servi avec du riz (les poulets sont transportés à
vélo, d'où leur nom) | 16 **accommoder** *ici :* zubereiten | 16 **le capitaine** *ici :* un gros poisson |
16 **un usage** une utilisation | 16 **le piment** Chili | 18 **le gosier** Kehle | 18 **fragile** *ici :*
empfindlich | 21 **soûler qn** ennuyer qn (jdn langweilen)

Quand on part, il me donne toujours un doggy bag pour « la princesse-taxi », comme il appelle Ophélie.

J'aime bien manger chez Isaac, ça change tout le temps, y a pas de carte : ça dépend du marché.

Il a galéré, avant d'ouvrir son restau :

– Ça prendrait une vie, de raconter mes vies ! comme il dit en riant.

Isaac et moi, on est devenus amis, il me laisse même le filmer en cuisine : on discute, il prépare, et moi je tourne.

– Passe ton bac, Darwin, et je t'engage comme commis !!

– On pourrait mettre tes films avec Isaac en ligne, m'a dit Jibé, vous auriez un sacré succès tous les deux : le jeune et l'ancien au piano.

Le piano, c'est comme ça qu'on appelle le fourneau, chez les pros. Je me demande si elle est gourmande, Eva…

Vu comment elle est fine – une lame de couteau –, ça m'étonnerait. Encore que, à quinze ans, ça veut rien dire : même les goulues sont encore des brindilles, c'est plus tard que ça s'arrondit, les femmes.

Je sais pas à quoi elle s'intéresse, Eva, ce qui la passionne dans la vie, en dehors du dessin : en cours, elle a l'air presque transparente, à croire qu'elle est pas là, sauf pour moi.

Le soir quand je suis seul dans l'appart, juste avant de m'endormir, pendant qu'Ophélie sillonne la ville en taxi, je pense à Eva. Un jour au lycée, profitant qu'elle avait le dos tourné, j'ai photographié un de ses dessins avec mon portable, une petite fille portée par un bouquet de ballons rouges qui s'évade d'un pays en guerre, elle laisse en bas des

4 **dépendre de qc** von etw abhängen | 10 **le bac** *abrév de* baccalauréat (Abitur) | 10 **engager qn** jdn einstellen | 10 **un commis** Gehilfe | 13 **un fourneau** Herd | 13 **un pro** *abrév de* professionnel | 15 **vu que/comment…** da … | 15 **une lame de couteau** Messerklinge | 15 **étonner** wundern | 16 **encore que** obwohl | 16 **goulu, e** gefräßig | 17 **une brindille** kleiner, dünner Zweig, *ici :* une fille mince | 17 **s'arrondir** → rond (rund) | 19 **en dehors de** außer | 19 **transparent, e** durchsichtig | 20 **sauf** außer | 21 **un appart** [apaʀt] *fam abrév de* appartement | 22 **sillonner la ville** kreuz und quer durch die Stadt fahren | 24 **un bouquet** Strauß | 25 **un ballon** *ici :* Luftballon | 25 **s'évader** *ici :* wegfliegen

tanks et des soldats en armes, des morts partout… Je l'ai mis en fond
d'écran, dès que je me connecte je pense à elle.

Je sais même pas où elle vit, ni avec qui.

C'est bizarre, j'arrive pas à l'imaginer avec une famille : je la vois
toute seule dans une chambre de bonne, avec un chat sous les toits,
elle sort la nuit par le vasistas, pieds nus, sapée en noir, miaulant sous
la lune… À force, je finis par m'endormir, et je rêve d'Eva sur les toits :
la fille-chat.

1 **un tank** Panzer | 1 **en armes** *fpl* bewaffnet | 1 **un mort** Toter | 1 **un fond d'écran**
Desktop-Hintergrund, Hintergrundbild | 5 **une chambre de bonne** Dachkammer (**une bonne**
Dienstmädchen) | 6 **un vasistas** [vazistɑs] Klappfenster | 6 **saper** *fam* habiller | 6 **miauler**
miauen

attentat à la bombe de fleurs

Un matin, quand je me suis réveillé, en regardant par la fenêtre, j'ai eu un choc : quelqu'un avait tagué le mur gris – il était plus gris du tout !

Sur les parpaings, y avait une fresque, juste devant chez nous : une maman assise par terre, ses gosses serrés autour d'elle, et devant eux, un grand type en survêt qui lance un bouquet de fleurs sur des CRS coffrés derrière leurs boucliers, comme si c'était une bombe…

Une sacrée fresque ! Et juste devant nos fenêtres, à croire que le tagueur avait fait ça pour faire plaisir à Ophélie, qui déteste les expulsions et les grands murs gris.

Je l'ai prise en photo, et dès qu'Ophélie est sortie de sa chambre, vers sept heures du soir, je lui ai bandé les yeux.

– J'ai une surprise… Elle a ri :

– Eh ! mon anniv, c'est dans trois mois !

Je l'ai emmenée dehors, juste la rue à traverser… et là j'ai défait son bandeau.

Elle a poussé un cri en voyant les dessins :

– Qui a fait ça ?

– Aucune idée…

En rentrant, elle a laissé les rideaux grands ouverts :

– Plus besoin de les fermer à présent !

Depuis, il lui suffit de voir le mur peint, elle a un sourire jusque-là : ça la rajeunit de dix ans.

---

2 **taguer un mur** faire des graffitis sur un mur | 5 **un gosse** *fam* un enfant | 5 **serrer qn** jdn drücken, umklammern | 6 **un survêt** [syʀvɛt] *abrév de* survêtement Trainingsanzug | 6 **un bouquet de fleurs** Blumenstrauß | 6 **un CRS** un policier | 7 **coffrer** *ici :* protéger | 7 **un bouclier** Schutzschild | 9 **un tagueur** → taguer | 12 **bander les yeux de qn** jdm die Augen verbinden | 14 **un anniv** *fam abrév de* anniversaire | 22 **il lui suffit de faire qc** er/sie braucht nur etw zu tun | 22 **peindre** (*part passé* peint) malen | 23 **rajeunir qn** rendre qn plus jeune

– Ma parole, on dirait du Banksy ! m'a dit Jibé quand il est venu chez nous, le lendemain.

– Banxy ? C'est qui ?…

– Comment ! Tu ne connais pas Banksy ! ? Et c'est un vieux comme moi qui va te faire découvrir le pape du *street art* ! C'est le monde à l'envers… Au moins, je sers à quelque chose. Viens, on va faire un petit tour sur Google : je vais t'initier au mystère Banksy.

Trois heures plus tard, on y était encore.

---

1 **ma parole !** das gibt es doch nicht! | 1 **on dirait qc** ça ressemble à qc | 5 **un pape** Papst |
5 **c'est le monde à l'envers** es ist eine verkehrte Welt | 7 **un mystère** Geheimnis

le mystère Banksy

Laissez-moi vous parler un peu de Banksy. D'abord, Banksy, personne sait qui c'est.

C'est le *street artist* le plus célèbre du monde, et on ne connaît même pas son vrai nom. Tout ce qu'on sait, c'est qu'il est anglais. (Et encore, va savoir si c'est vrai.)

On pense qu'il est blanc, mais c'est peut-être un renoi, après tout… Les flics du monde entier lui courent après, et il s'est jamais fait coffrer. Célébrissime et anonyme : il y en a aucun comme ça, à part Banksy.

La seule photo qu'on a de lui, c'est de dos, et ça pourrait être n'importe qui : jogging, capuche, grand et sec…

Il a tagué les murs du monde entier, au pochoir, parce que ça va plus vite, pour ne pas se faire pincer… En Afrique, en Jamaïque, en Italie, en Yougoslavie, en Chine, en Russie… Partout ! Partout où il y a de quoi se révolter : c'est pas les occasions qui manquent.

En Israël, le long du mur moche qui enferme les Palestiniens chez eux, il s'en est donné à cœur joie : un enfant qui fouille un soldat, une femme de ménage qui soulève le béton comme si c'était un rideau, et en dessous on voit la mer…

Le mois dernier, il a fichu un sacré souk à New York : il a tagué les murs de résidences chic, le ghetto, le métro, partout… Il a même organisé des ventes à la sauvette de ses graff pour quelques dollars – alors que dans une galerie d'art, ça vaudrait une fortune… Mais Banksy n'aime pas les galeries.

---

5 **va savoir si…** wer weiß, ob … | 6 **un renoi** *fam verlan* un noir | 7 **se faire coffrer** se faire attraper | 8 **célébrissime** très célèbre | 10 **un jogging** Jogginganzug | 11 **un pochoir** Schablone | 12 **se faire pincer** *fam* se faire attraper | 14 **c'est pas les occasions qui manquent** les *occasions* (*fpl* Gelegenheit) ne manquent pas | 16 **s'en donner à cœur joie** es genießen | 16 **fouiller** durchsuchen | 17 **une femme de ménage** Putzfrau | 19 **ficher un sacré souk** *fam* Chaos anrichten | 20 **une résidence** Wohnanlage | 21 **une vente à la sauvette** nicht angemeldete Straßenverkauf, Schwarzhandel | 22 **valoir une fortune** ein Vermögen wert sein

Pendant un mois, New York a été le territoire de Banksy, j'aurais adoré le suivre à la trace… Alors je le suis en ligne sur son site : *better out than in* – c'est comme si j'étais avec lui. Il fait de l'art engagé, pour dénoncer des injustices, c'est sa marque, mais parfois il tague rien que pour le plaisir, comme pour dire : « Souriez les amis ! Banksy est passé par ici. »

D'être en colère ne l'empêche pas d'avoir le sens de l'humour, et de la poésie.

Mon préféré : une femme de dos, en train de laver les rayures d'un zèbre dans un seau, elle les met à sécher sur un fil, le zèbre attend, il est à poil sans ses zébrures… Celui-là, il l'a peint sur un mur en terre sèche, dans un bled d'Afrique.

Je me demande ce qu'ils en pensent, les habitants, de la femme au zèbre de Banksy. Ils réalisent qu'ils ont sous les yeux l'œuvre d'une célébrité ? Un type que les musées du monde entier rêvent d'exposer ! ?

Mais Banksy, il s'en beurre, des musées : il préfère la cambrousse ou la rue, là où personne de riche et célèbre ne mettra jamais les pieds, les murs tristes et gris comme le nôtre… Seulement, le mur, en face de chez nous, ça peut pas être Banksy : il signe tout ce qu'il fait.

– Bien observé, Darwin ! m'a dit Jibé. Il a peut-être oublié – ou alors il a pas eu le temps ? Avec Banksy, tout est possible. Quand même, c'est vraiment sa patte : le pochoir, les personnages, les idées… Tout y est.

Il a peut-être un *padawan* ? Drôlement fort en tout cas : on jurerait que c'est lui…

2 **suivre qn à la trace** jdm auf den Fersen sein | 4 **dénoncer** *ici :* anprangern | 7 **empêcher** (ver)hindern | 9 **une rayure** Streifen | 10 **un seau** Eimer | 10 **mettre à sécher** zum Trocknen aufhängen | 11 **une zébrure** une rayure | 12 **un bled** *fam* un village | 14 **réaliser** *ici :* comprendre | 14 **une œuvre** Werk | 16 **exposer** *ici :* ausstellen | 17 **qn s'en beurre** *fam* ça lui est égal | 17 **la cambrousse** *fam* la campagne | 23 **la patte d'un artiste** son style | 24 **un padawan** Anhänger (référence à Star Wars : un padawan est qn qui veut devenir jedi) | 24 **jurer** schwören

Alors, Banksy or not Banksy ? Ça me retournait le crâne.

Juste en face de ma chambre en plus… un bête de cadeau !

J'avais qu'une peur, c'est que la brigade anti-tag efface ma fresque, les flics de gare du Nord, ça arriverait bien un jour… Alors je l'ai mise en fond d'écran : je vivais dedans.

Un samedi, alors que la rue était calme, j'ai vu une silhouette que je connaissais bien devant chez moi : des cheveux courts en pétard, un sac à dos vert fluo… J'ai enfilé mon plus beau sweat – le rouge – et je suis sorti.

– Eva ! T'es venue voir la fresque ? Elle a souri :

– T'habites ici, toi ?

– Ouais, j'ai de la chance : je suis aux premières loges. Je lui ai montré les fenêtres, et ensuite le mur.

– Je crois bien que c'est du Banksy… Tu connais ?

– Non, mais j'adore…

Je l'ai rencardée sur Banksy, je lui ai sorti tout ce que je savais. Elle était accro, alors j'ai tout balancé : le *street art*, l'*art terrorism*, l'art engagé, tout ! Comme si je connaissais ça depuis toujours alors que, deux semaines plus tôt, je savais même pas son blaze à Banksy (merci Jibé !).

– T'es drôlement calé… On dirait pas à te voir, elle a fait, avec un petit sourire.

– Tu veux venir chez moi ? Je te montrerai le site de Banksy sur mon ordi.

– Je veux bien, j'ai du temps.

---

1 **le crâne** Schädel | 8 **vert fluo** neongrün | 8 **enfiler** *ici :* mettre | 8 **un sweat** *abrév de* sweat-shirt | 12 **être aux premières loges** *fpl expr* etw aus nächster Nähe miterleben | 16 **rencarder** *fam ici :* informer | 17 **accro** *fam ici :* très intéressé | 17 **balancer** *ici : fam* dire | 19 **le blaze** *fam* le nom | 21 **être calé** *fam* être informé, s'y connaître | 21 **on dirait pas à te voir** so siehst du aber nicht aus

Et voilà, Eva est venue chez moi, comme ça, tout simplement.

Ophélie dormait encore, une chance, l'appart était clean, des fois c'est le souk à la maison.

– C'est cool chez toi ! elle a dit en s'asseyant sur mon canapé noir,
5 ramassé dans la rue neuf mois plus tôt, quasi neuf.

Presque tout ce qu'on a à la maison, Ophélie et moi, on l'a trouvé dans la rue. Elle ramène des merveilles des beaux quartiers : les riches balancent vraiment n'importe quoi.

J'en revenais pas de la voir assise sur mon canap, aussi à l'aise que si
10 elle avait toujours été là, du coup j'ai pris ma caméra.

– Je peux te filmer ?

Elle a pris la pose direct, sans chichi, comme font les filles souvent, nature quoi… une fille pour moi, et elle passait super bien à l'image.

À ce moment-là, j'ai entendu du bruit dans la pièce à côté : Ophélie
15 venait juste de se lever, il était sept heures du soir.

– T'inquiète pas, c'est ma mère, elle est taxi de nuit, là c'est l'heure de son p'tit déjeuner.

Dans quelle famille de fous je suis tombée ? elle devait se demander.
À cause de son travail à ma mère, je fais jamais venir personne ici.
20 Ophélie est entrée sans frapper, un mug à la main, un croissant dans l'autre ; en voyant Eva dans ma chambre, elle a failli renverser son café.

– Oh pardon ! J'avais entendu des voix, j'ai cru que tu regardais un film…
25 Ça semblait l'amuser, Eva : une mère chauffeur de taxi qui prend son petit-déj' à sept heures du soir…

---

3 **le souk** *fam* le bazar (Durcheinander) | 5 **ramasser** *ici :* trouver et ramener à la maison |
7 **une merveille** une belle chose | 8 **balancer** *ici : fam* jeter (wegwerfen) | 9 **ne pas en
revenir** être très surpris | 9 **à l'aise** wohl | 12 **sans chichi** sans faire d'histoires | 20 **un mug**
angl une tasse | 21 **faillir faire qc** beinahe etw tun | 21 **renverser** *ici :* umkippen

Du coup on s'est retrouvés dans la cuisine tous les trois, on a fini les croissants et englouti une brioche, faut dire c'était l'heure de dîner. Elle était aussi fine qu'une crevette malgache, mais goulue, ma visiteuse du soir !

Eva a posé plein de questions à Ophélie sur son travail de nuit ; quand elle est partie, il était bien dix heures.

– Tu veux que je te raccompagne ?

– Pas la peine, j'ai mon vélo…

Je l'ai regardée s'éloigner dans le noir.

En face on voyait les personnages de la fresque éclairés par nos fenêtres : ils avaient l'air vivants, sur le point de quitter leur mur gris et de retourner dans la vraie vie.

– Elle a l'air sympa, ton amie ! m'a dit Ophélie, avant de monter dans son taxi.

Je sentais qu'elle brûlait de savoir qui était cette fille – juste mon amie ou ma *petite* amie ?

Elle est partie chercher un client à Roissy, et moi j'ai filé dans ma chambre, monter les films que j'avais tournés avec Eva.

Et c'est cette nuit-là, sur le coup de trois heures du mat', en entrant dans la cuisine, alerté par le bruit, que je suis tombé sur Banksy…

Je savais qu'Ophélie rentrerait pas avant neuf heures : les fêtards, ça se couche tard le dimanche matin, une longue nuit pour un taxi, alors les petits scrounch dans la cuisine, ça pouvait pas être elle.

Je suis entré en douce, et là, qui j'ai vu, en explo sur le frigo : un rat ! À la cool, dressé sur ses pattes arrière, attaquant une part de gâteau. La lumière qui venait de ma chambre, ça l'a pas dérangé, preuve que mon

---

2 **engloutir** *ici :* verschlingen | 3 **malgache** de Madagascar | 11 **vivant, e** lebendig | 11 **sur le point de faire qc** kurz davor etw zu tun | 15 **brûler de savoir qc** être impatient de savoir qc | 20 **alerté par qc** etw hat mich aufmerksam gemacht | 21 **un fêtard** qn qui fait la fête | 23 **scrountch** *mot qui décrit le bruit que Darwin entend* | 24 **en douce** sans se faire remarquer | 24 **une explo** *abrév d'*exploration Erforschung | 25 **dressé** debout | 25 **une patte arrière** Hinterbein | 26 **déranger** stören

cake au citron était vraiment bon. J'ai pris la cloche à fromage, celle en
grillage, et clac ! Piégé : en zonzon, le raton !

Les rats, je les kiffe, souvent les gens peuvent pas les blairer.

Tiens, Banksy un jour, pour foutre le boxon, il a lâché deux cents
5 rats dans un musée tout ce qu'il y a de chic, un soir d'inauguration, la
panique ! Ça a dû bien le faire marrer.

Cette nuit-là mon petit rat à moi se cramponnait aux grilles avec
ses toutes petites pattes, il cherchait la sortie.

J'ai attendu qu'il se calme à la moine bouddhiste, je lui ai parlé
10 doucement, je l'ai posé dans ma main, je lui ai caressé le dos, il avait
l'air content.

Il me fixait avec ses petits yeux noirs de fourbe, ses moustaches
vibrant dans la lumière, l'air de dire : « T'es qui toi ? »

Alors je lui ai fait :

15 – Moi c'est Darwin et toi, à partir de cette nuit, ton nom c'est
Banksy.

Il a hoché la tête, l'air de dire : « Ça me va ! »

On est allés dans ma chambre, Banksy et moi, je l'ai installé sous
mon lit, dans une boîte Nike avec un vieux sweat, qu'il sente mon
20 odeur dans le noir, avec des croûtes de fromage et du pain sec, ça lui
faisait comme un nid, et on s'est endormis.

Vers midi, j'ai été réveillé par le cri-cri des dents de Banksy qui
rongeait sa croûte : je me suis étiré, tout content : j'avais toujours rêvé
d'avoir un animal, eh bien ça y était…

---

1 **une cloche à fromage** Käseglocke | 2 **un grillage** Gitter | 2 **piéger un animal** ein Tier mit
der Falle fangen | 2 **en zonzon** *f fam* en prison (Gefängnis) | 3 **kiffer qc** *fam* bien aimer
qc | 3 **ne pas pouvoir blairer qc/qn** *fam* détester qc/qn | 4 **foutre le boxon** *fam* Chaos
anrichten | 5 **une inauguration** Eröffnung | 6 **faire marrer** *fam* faire rire | 7 **se cramponner**
sich festklammern | 9 **un moine** Mönch | 12 **fourbe** hinterlistig | 17 °**hocher la tête** mit
dem Kopf nicken | 19 **une boîte** *ici :* Karton | 20 **une odeur** Geruch | 20 **une croûte** Rinde |
21 **un nid** Nest | 23 **ronger qc** an etw nagen | 23 **s'étirer** sich strecken

Eva allait-elle aimer Banksy ? Je la voyais pas s'enfuir en hurlant comme les autres filles quand elles voient une souris… C'est pas une froussarde, Eva, les Martiennes ont pas peur des rats. Elles ont peur de rien d'ailleurs…

C'est même à ça qu'on les reconnaît.

1 **voir** *ici :* imaginer | 1 **s'enfuir** fliehen | 1 °**hurler** crier | 3 **un,e froussard,e** *fam* qn qui a peur | 5 **reconnaître** erkennen

la maison brûlée

Ophélie s'y est vite faite à mon rat :

– Les autres ont des hamsters, toi t'as un rat, ça me dérange pas. Fais juste gaffe qu'il bouffe pas le canapé et qu'il finisse pas dans une canalisation !

5 Faut dire, quand il se niche dans le creux de ton cou en vibrant des moustaches, je vois pas quelle brute peut penser à la mort-aux-rats. J'avais qu'une frousse : qu'il tombe un jour sur ces petits grains orange que les tarés laissent dans les coins.

Je l'amenais partout, même en cours ; il se calait dans ma poche, il 10 rongeait sa croûte, ou alors il s'asseyait dans ma main, il regardait tout ce qui se passait…

Eva l'aimait bien, elle le laissait filer sur elle sans couiner.

Quand il était fatigué, il nichait dans ma capuche.

Une nuit, impossible de dormir : Banksy trottinait partout dans 15 la chambre, son petit gratt-gratt-gratt, ça m'aidait pas à trouver le sommeil. Alors je suis sorti, j'ai pris mon vélo, Banksy dans le panier, et on est partis se balader.

On était samedi, on se rattraperait dimanche dans la journée.

J'ai roulé vers la cité Boris-Vian. Y a des squats là-bas, des bandes 20 de manouches, mais moins qu'avant, bientôt y en aura plus du tout : les promoteurs râtissent tout à la pelleteuse.

À force de rouler, on est arrivés à la maison brûlée.

Elle avait cramé des années plus tôt, des familles chassées de partout s'y étaient installées en douce ; elle venait d'être vendue à un

---

brûler brennen | 3 faire gaffe *fam* faire attention | 3 bouffer *fam* manger | 5 se nicher sich einnisten | 5 le creux du cou Schultergrube | 6 une brute une personne violente | 6 la mort-aux-rats Rattengift | 7 la frousse *fam* la peur (→ un froussard p. 37) | 7 un grain Korn | 8 taré, e *fam* fou | 9 se caler *ici :* sich bequem machen | 12 couiner faire des petits bruits | 14 trottiner trappeln | 16 un panier Korb | 17 se balader se promener | 18 se rattraper *ici :* nachholen | 19 un squat [skwat] *engl* besetztes Haus | 20 un manouche *fam* Zigeuner | 21 un promoteur (immobilier) Baufirma | 21 râtisser qc à la pelleteuse etw mit dem Löffelbagger zerstören | 23 cramer *fam* brûler promoteur qui voulait la raser pour bâtir une résidence, pour ça il devait virer des gens qui n'avaient nulle part où aller.

En s'approchant, Banksy et moi, on a entendu des cris.

J'ai laissé mon vélo dans un buisson, je me suis approché le plus près possible avec ma caméra, en restant dans l'ombre, Banksy planqué dans ma capuche, et là j'ai vu la scène : une douzaine de types casqués, avec des barres de fer, cognaient comme des dingues, ils défonçaient la maison, mais ils frappaient aussi les gens ! À l'intérieur ça hurlait, j'ai vu une gamine à la fenêtre, un type l'a poussée, ou alors elle a essayé de s'échapper ? J'étais pas trop sûr de ce que je voyais, tout allait si vite… enfin la petite est tombée.

Les casseurs sont partis en bagnole, j'ai couru vers la fille, elle pleurait, elle pouvait pas bouger.

J'ai sorti mon portable, j'allais appeler le Samu…

– Pas la police ! Pas la police ! a crié une femme.

La petite chialait, elle avait mal, je savais pas quoi faire, alors j'ai bipé Jibé. Quinze minutes plus tard, il était là.

– Une chance, Darwin, je dormais pas, je bouquinais. Jibé, il a été toubib avant – son premier métier.

Il a examiné la petite, il lui a parlé doucement :

– Elle une jambe cassée, rien à la tête, à ce qu'il semble, il faudra faire une radio…

Il a rassuré la famille et il a appelé le 17.

– Non, pas la police, pas la police… il leur a dit en hochant la tête, mais elle doit aller à l'hôpital, la petite…

---

1 **raser (un bâtiment)** faire disparaître un bâtiment | 1 **bâtir** construire | 2 **virer qn** *fam* jdn rausschmeißen | 2 **nulle part** nirgendwo | 4 **un buisson** Busch | 6 **casqué** qui porte un *casque* (Helm) | 7 **une barre de fer** Eisenstange | 7 **cogner** frapper | 7 **défoncer qc** etw einschlagen | 9 **une gamine** *fam* une petite fille | 9 **pousser qn** jdn herunterstoßen | 12 **un casseur** Randalierer | 12 **une bagnole** *fam* une voiture | 14 **le Samu** *abrév de* service d'aide médicale d'urgence Notarzt | 16 **chialer** *fam* pleurer | 18 **bouquiner** *fam* lire | 19 **un toubib** *fam* un docteur | 20 **examiner qn** jdn untersuchen | 22 **une radio** *ici :* Röntgenaufnahme | 23 **rassurer qn** jdn beruhigen

Elle s'appelait Ivana.

Le Samu est venu, ils ont déposé Ivana sur un brancard, direction l'hôpital, Jibé leur a laissé son numéro. J'ai eu peur d'avoir perdu Banksy dans la panique… Mais non, il était roulé en boule au fond de ma capuche, il dormait, bien sagement.

Eva et Banksy

Le jour même, j'ai tout raconté à Eva, elle a sifflé entre ses dents :

– Eh ben, tu t'ennuies pas la nuit, toi !

Je lui ai montré le film que j'avais pris, la chute de la petite, l'arrivée de Jibé, le Samu, son départ pour l'hosto…

Et puis là soudain, j'ai eu une idée :

– Eva, j'ai un service à te demander. Je sais pas dessiner, mais je voudrais laisser une trace dans les rues : à chaque endroit où une expulsion a eu lieu, un truc crade… Toi qui dessines comme tu te mouches, tu pourrais me faire un pochoir ?

Elle a hoché la tête.

– T'as pensé à un dessin précis ?

– Ouais : un rat. Elle a souri.

– Ça devrait pas être long… T'aurais une vieille radio quelque part ?

Je l'ai regardée :

– Une radio… ?

– Oui, tu vois : quand tu te casses un truc, à l'hôpital on te fait une radio… C'est parfait pour les pochoirs : c'est léger, et ça résiste à la peinture.

J'ai fouillé sous mon armoire, à neuf ans je m'étais pété un bras au skate, j'avais gardé les radios en souvenir, Eva l'a examinée à la lumière de la lampe.

– J'ai besoin d'un cutter, d'un marqueur fluo ou d'une craie, d'un carton épais. Maintenant laisse-moi s'il te plaît : ça me gêne qu'on me regarde.

---

1 **siffler** pfeifen | 2 **s'ennuyer** sich langweilen | 3 **une chute** Fall | 4 **un hosto** *fam* un hôpital | 6 **demander un service à qn** jdn um einen Gefallen bitten | 8 **crade** *fam* sale, *ici :* révoltant, choquant | 9 **se moucher** sich schnäuzen | 18 **léger** leicht | 18 **résister à qc** *ici :* etw standhalten | 19 **la peinture** *ici :* Farbe | 20 **se péter qc** *fam* se casser qc | 23 **une craie** Kreide | 24 **épais, se** dick

Dix minutes plus tard, elle est entrée dans la cuisine, la radio ajourée à la main, elle l'a posée sur le frigo : Banksy droit comme un I, l'air en pétard.

— Eva, j'aurais pas pu rêver mieux ! Elle a rosi.

5 — Il ne reste plus qu'à s'y mettre. Tu sais par où commencer ?

J'ai pas eu à réfléchir longtemps :

— La maison brûlée.

— T'as de la peinture ?

— Non. On va en acheter…

10 — Pas la peine : j'ai ce qu'il faut dans mon sac. J'étais étonné, mais pas plus que ça : c'est une magicienne cette fille, en plus d'être une Martienne.

On a pris nos vélos et on a filé ; quand on est arrivés à la maison brûlée, il ne restait plus rien, pas une trace : un bulldozer avait foutu

15 la baraque par terre, ils avaient dû passer dans la matinée.

— Ils ont pas perdu de temps, dis donc…

— Ils avaient tout prévu… Eva a sorti sa bombe :

— On y va ?

Elle a bombé la gueule du bulldozer : Banksy le Rat, ça donnait en

20 rouge sang sur la ferraille bleu foncé.

J'ai pris des photos : Eva devant son tag, le visage masqué par un keffieh noir et blanc.

— Tous les tagueurs le font, comme ça quand ton dessin a disparu, il en reste une trace, t'as pas tout perdu.

---

2 **ajouré, e** durchbrochen | 2 **droit, e** *ici :* aufrecht | 11 **un,e magicien,ne** Zauberer/in |
15 **une baraque** *fam* une maison | 15 **foutre par terre** *fam ici :* détruire complètement |
17 **prévoir** planen | 17 **une bombe** *ici :* Spraydose | 19 **la gueule** *fam ici :* la partie avant |
20 **le sang** Blut | 20 **la ferraille** Schrott | 21 **un tag** un graffiti | 22 **un keffieh** un *foulard*
(Schal) typique des pays arabes, porté entre autres par les activistes palestiniens et, par la
suite, par les anarchistes

On est rentrés à la maison, on s'est roulé une clope devant la fresque, on a tagué *B. le Rat* en bas, à côté du type à la bombe de fleurs : dressé sur ses pattes arrière comme s'il assistait à l'expulsion, l'air furax.

– Il faudrait en faire plusieurs, ça va devenir lassant si c'est toujours le même. Tu nous trouves des radios, et moi je fais les dessins et j'amène la peinture, d'accord ?

– D'accord.

– T'as qu'à casser quelques jambes, comme ça t'en auras !

– Bonne idée, compte sur moi !

J'ai pas eu besoin d'aller jusque-là, j'en ai trouvé tout un tas dans les poubelles de l'hosto, pas loin de chez moi. Ce soir-là, en montant le film sur Vimeo j'étais heureux, on faisait équipe, Eva et moi, avec Banksy bien sûr.

Depuis l'expé à la maison brûlée, je vivais plus que pour nos virées.

– Quelle heure ?

– Six heures.

– Chez toi ?

– Devant le mur.

On prenait les bombes et les pochoirs, des fois on croisait Ophélie, on filait au moment où elle se réveillait.

Elle ne me posait jamais de question.

« Je suis contente que Darwin ait enfin une copine », je l'ai entendue dire à Jibé un soir.

---

1 **une clope** *fam* une cigarette | 3 **assister à qc** etw beiwohnen | 3 **furax** *fam* furieux |
4 **lassant, e** langweilig | 9 **compter sur qn** auf jdn zählen | 10 **un tas** Haufen | 14 **une expé**
*abrév d'*expédition | 14 **(ne)… plus que pour…** nur noch für … | 15 **une virée** *fam* Tour

Chaque nuit ou presque on sillonnait la ville. Eva, ses bombes volées dans son sac – elle les piquait à Intermarché – moi, le rhodoïd roulé dans mon Eastpak pour pas qu'il s'abîme.

Dès qu'on trouvait un endroit qui nous plaisait, on bombait ; je faisais le guet pendant qu'elle taguait, ou l'inverse, Banksy perché sur ma capuche…

On s'amusait comme des fous. Nos nuits, c'était ça la vraie vie – enfin, celle dont j'avais toujours rêvé.

---

1 **silloner** parcourir | 2 **piquer** *fam* voler | 2 **un rhodoïd** *ici :* une radio (→ p. 39) | 3 **s'abimer** kaputt gehen | 5 **faire le guet** surveiller | 5 **l'inverse** *m* umgekehrt

la maison d'Ivana

Huit jours plus tard – un dimanche à midi, on était tous les quatre à la maison, à finir de p'tit-déjeuner –, Ophélie m'a demandé :

– Et la petite, celle à la jambe cassée, vous avez de ses nouvelles ?

– Ivana ?… Non, aucune.

– C'est vrai ça, qu'est-ce qu'elle devient, la gamine ?

– Pour le savoir, il suffit d'aller à l'hosto…

– Tu viens avec moi, Eva ?

On a pris nos vélos et on a filé.

À l'hôpital on nous a dit qu'elle n'était plus là, elle était restée juste une journée, le temps de la plâtrer :

– Elle n'avait pas de papiers, la gamine, on ne pouvait pas la garder.

– Vous savez où elle est allée ? L'infirmier a haussé les épaules.

– Aucune idée.

À ce moment-là, une infirmière est arrivée.

– Sa famille a parlé d'un campement sous l'échangeur…

Je savais où c'était, j'avais des potes qui zonaient des fois par là. On a mis nos vélo dans le tram, et hop, on y est allés.

Je m'attendais à tomber sur un bidonville sordide, une décharge à ciel ouvert où échouent les gitans aux abords des cités, les seuls endroits où on les tolère avant de les virer… Pas du tout ! Si on oubliait l'échangeur et les cités déglinguées tout autour, on aurait pu se croire dans un joli village roumain. Les hommes avaient récupéré des tapis et des vieux meubles à la décharge, des planches, des tôles et même un

---

10 **plâtrer** eingipsen | 13 °**hausser les épaules** mit den Schultern zucken | 16 **un échangeur** Autobahnkreuz | 17 **un pote** *fam* un copain | 17 **zoner** *fam* herumhängen | 19 **un bidonville** Slumsiedlung | 19 **sordide** heruntergekommen | 19 **une décharge** Mülldeponie | 20 **à ciel ouvert** unter freiem Himmel | 20 **échouer** *ici :* landen | 20 **un gitan** Zigeuner | 20 **aux abords** *mpl* **de** près de | 22 **déglingué, e** kaputt | 23 **récupérer** *ici :* wieder verwerten | 23 **un tapis** Teppich | 24 **un meuble** Möbel | 24 **une planche** Brett | 24 **la tôle** Blech

tas de vieilles portes ; les femmes avaient mis des rideaux aux fenêtres. Bien sûr il n'y avait ni l'eau ni l'électricité, mais bon.

Il faisait beau, c'était propre et joyeux, on se serait cru dans un film de Kusturica – *Le Temps des gitans, Chat noir, chat blanc…* Ça avait l'air irréel, un décor de ciné, pourtant ici des gens vivaient, on croisait des vieux, des jeunes, des femmes, des enfants : un vrai village, sous l'autoroute…

– Je cherche Ivana, a demandé Eva à une vieille qui fumait la pipe, entourée d'une demi-douzaine de gosses bouclés avec de grands yeux clairs.

La vieille s'est contentée de lever la main sans desserrer les dents, toujours fumant, elle nous a expédiés au bout de la ruelle. Et là, dans une vraie petite chambre, avec des rideaux, des tapis, on a vu Ivana, posée sur un couvre-lit rose fluo, avec son plâtre, comme une princesse.

Dès qu'elle nous a vus, un pur sourire a illuminé sa petite bouille. Elle nous a tendu les bras, elle a appelé, une femme est venue avec du thé et des gâteaux, on était reçus comme des pachas. J'ai montré les photos du tag d'Eva devant la maison brûlée, Ivana a souri.

– Il est trop mignon le petit rat, tu m'en mets un sur mon plâtre ?

Eva a ri :

– Le bomber, non ! Mais je peux te faire un dessin… Elle a sorti un marqueur, elle s'est assise sur le lit, cinq minutes plus tard Banksy ornait le plâtre de la petite :

Pour Ivana – Eva. J'ai signé moi aussi, et on est partis. En sortant, on a fait des compliments à la mamie :

– C'est beau ici ! Elle a souri :

---

8 **une pipe** Pfeife | 9 **entourer** umgeben | 9 **bouclé** mit lockigen Haaren | 11 **se contenter de faire qc** sich darauf beschränken etw zu tun | 11 **ne pas desserrer les dents** *fig* ne pas ouvrir la bouche | 12 **expédier** envoyer | 14 **un couvre-lit** Tagesdecke | 16 **pur** rein *ici : fam* super joli | 16 **qc illumine son visage** ihr Gesicht strahlt … | 16 **une bouille** *fam* un visage | 18 **un pacha** *fam* un roi

– On fait tout ce qu'on peut pour que les gosses se sentent bien. Et nous aussi ! Tant qu'on peut rester…

On a pris nos vélos, on a roulé jusqu'à la gare et on est remontés dans le tram.

Quand on a voulu revoir Ivana, huit jours plus tard, le campement n'était plus là, il ne restait rien du village gitan ; quelques portes brisées, deux ou trois tapis couverts de boue, et le couvre-lit fluo déchiré.

Eva a bombé au pochoir sur une porte – pshhhtt… – et on est partis, en laissant un petit rat rose fluo derrière nous.

le château d'Eva

Je savais toujours rien de la vie d'Eva, je m'étais fait à l'idée de rien savoir : où elle vivait, d'où elle venait… J'avais même pas envie de lui poser des questions, le mystère faisait partie de sa vie.

Et puis un dimanche à midi…

5 – Tu veux venir voir où je vis ?

– Avec plaisir !

– J'ai jamais amené personne chez moi. Prends ton vélo, suis-moi : c'est loin… Ça va prendre un bout de temps.

On a quitté la ville, on a roulé longtemps, on est arrivés dans une
10 zone sinistre : usines abandonnées, pavillons défoncés, fenêtres et portes murées…

On est allés jusqu'à une tour haute et large, en forme de champignon, c'est là qu'Eva a posé son vélo.

Une échelle rouillée grimpait tout du long, j'ai hésité, elle était
15 longue et branlante, sans protection, je me voyais en bas, les jambes brisées… Eva était déjà en haut, elle s'est penchée, elle m'a regardé, elle a souri.

– N'aie pas peur, Darwin, elle est bien fixée !

J'ai respiré un grand coup, je me suis lancé, j'avançais sur l'échelle
20 qui vibrait, je me serais cru sur un bateau en pleine tempête : il y avait un sacré vent ce jour-là.

J'ai réussi à aller jusqu'en haut sans glisser.

J'avais les paumes moites en posant le pied sur l'esplanade en acier rouillé, on voyait le vide au travers, j'ai quand même réussi à sourire.

---

10 **sinistre** trostlos | 10 **une usine** Fabrik | 10 **abandonné** verlassen | 10 **un pavillon** une petite maison | 10 **défoncer** casser, détruire | 11 **murer** vermauern | 12 **un champignon** Pilze | 14 **une échelle** Leiter | 14 **rouillé, e** rostig | 15 **branlant, e** wackelig | 16 **se pencher** sich beugen | 20 **une tempête** Sturm | 22 **glisser** rutschen | 23 **la paume** l'intérieur de la main | 23 **moite** feucht | 23 **l'acier** *m* Stahl | 24 **le vide** Tiefe | 24 **au travers** (da)durch

Juste devant, il y avait une petite porte – j'ai suivi Eva, on a débouché dans une grande pièce toute ronde, on se serait cru en haut d'une tour ; il y avait des fenêtres partout, on voyait le fleuve, les usines, les bois au loin, les collines…

Une vue de folie ! J'en croyais pas mes yeux.

– C'est ici que tu vis ?!

– Oui ! Bienvenue dans mon palais, Darwin !

Il y avait tout le confort : un matelas, une planche posée sur des tréteaux en table-bureau, des chaises, un vieux sofa défoncé, et même un ordi – un peu ancien, mais bon.

– T'as l'électricité ?

– Qu'est-ce que tu crois ? Il y a même une douche ! Le gardien logeait ici avant… C'est un ami qui m'a fait venir.

Jamais vu un endroit pareil – ça tenait du phare isolé posé au bord d'un l'océan déchaîné et du donjon en béton – et Eva vivait ici toute seule…

– T'as pas peur la nuit ?

– Peur de quoi ? Personne vient par ici. T'aurais peur, toi ?

Bien sûr que oui ! Même le jour ! Alors la nuit j'imagine même pas. Mais j'ai répondu :

– Non… je crois pas.

Sur les murs, entre les fenêtres, Eva avait dessiné sa vie, en grand format. On la voyait même fuyant sous les bombes, courant à travers une cité dévastée ; Eva seule dans les bois, construisant une cabane en branches ; la même devant un feu dans une forêt enneigée, entourée de spectres drapés dans des couvertures ; puis cachée dans un train de

---

4 **un bois** une forêt | 4 **une colline** Hügel | 5 **une vue** Aussicht | 5 **de folie** *fam* extraordinaire | 9 **un tréteau** Bock | 12 **un gardien** Wächter | 13 **loger** habiter | 14 **un phare** Leuchtturm | 15 **déchaîné, e** *ici :* tosend | 15 **un donjon** Bergfried | 23 **fuir** flüchten | 24 **dévaster** verwüsten | 24 **une cabane** Hütte | 25 **une branche** Zweig | 26 **un spectre** Gespenst | 26 **draper** umhüllen | 26 **une couverture** Decke

marchandises, recroquevillée ; enfin Eva arrivant à Paris, minuscule et
perdue, dans la grande ville pleine d'inconnus.

Tout ça au fusain sur des affiches retournées, en noir et blanc, avec
des traits rouges pour dessiner les lueurs d'incendies, le feu dans la
5 forêt, les lumières de la ville… Et toujours la même petite silhouette
de garçonne aux yeux gris, reconnaissable entre mille… du grand art !
Et en plus ça racontait une histoire : *son* histoire.

– T'as vécu tout ça, Eva ? ! Elle a hoché la tête.

– C'est pour ça que j'ai les cheveux courts, je me faisais passer pour
10 un garçon, sans ça…

Sans ça… Je me suis approché, je l'ai prise dans mes bras…

On est restés longtemps comme ça.

On s'est assis sur un matelas, Eva m'a raconté sa drôle de vie. Il en
manque, elle m'a demandé de pas tout répéter :

15 – … J'ai fui, j'avais plus de famille, plus d'amis, pas d'argent,
personne… j'ai vécu dans les bois, dans des baraques abandonnées,
je me nourrissais comme je pouvais, de ce que je trouvais dans les
champs, je cueillais les fruits, je volais dans les fermes, j'étais comme
un animal en cavale… À Paris j'ai dormi dans la rue, je me sentais
20 tellement seule et perdue, sans papiers, sans argent, sans personne…
Un soir dans un bar – je vendais mes dessins à la terrasse des cafés
pour survivre – j'ai rencontré Milan, il m'a prise sous son aile. Il est
comme un père pour moi, lui aussi il a perdu sa famille. Il m'a inscrite
au lycée, il m'envoie un peu d'argent quand il peut, il a toujours été
25 gentil avec moi, il dit que je ressemble à sa fille perdue.

Et, comme si elle lisait dans mes yeux :

– Il ne m'a jamais touchée.

---

1 une marchandise Ware | **1 être recroquevillé, e** sich zusammenkauern | **1 minuscule** très
petit | **3 le fusain** Kohle | **4 une lueur** une lumière | **4 un incendie** Brand | **6 une garçonne**
jungenhaftes Mädchen | **16 une baraque** *fam* une maison | **17 se nourrir** manger | **18 un
champ** Feld | **18 cueillir** pflücken | **19 en cavale** ausgebrochen | **22 prendre qn sous son
aile** *fig* aider et protéger qn | **23 inscrire** anmelden

Elle a souri, un sourire un peu triste.

– Tu vois, même dans les pires galères, tu trouves toujours quelqu'un pour te tendre la main.

Je l'ai serrée contre moi, et on s'est endormis.

Quand on s'est couchés c'était la nuit, il faisait noir, on s'est réveillés dans l'or pur… J'ai mis quelques instants à réaliser où j'étais. Je suis allé à la fenêtre : un soleil rouge-orange roulait à l'horizon, des bandes mauves scratchaient le ciel.

Avec les silhouettes des usines à l'abandon tout autour, on se serait crus dans *Le Livre d'Eli, il manquait plus que Denzel Whashington avec ses lunettes noires et son grand manteau en cuir – l'ange des ténèbres avec ses ailes sombres.

Il était tôt, sept heures à peine, on avait cours à dix heures, on avait le temps… J'ai regardé Eva dormir, elle avait l'air d'une môme, comme si tout ce qu'elle avait vécu jusque-là n'avait fait que la traverser… J'ai murmuré :

– Eva, Eva… en lui caressant le front.

Elle a souri en dormant, elle a parlé, des mots que je comprenais pas, une larme a roulé sur sa joue.

* Très beau film, à voir absolument, avec un livre en super-héros, c'est pas si souvent.

---

2 **les pires galères** *fpl* les moments les plus difficiles | 6 **l'or** *m* Gold | 8 **mauve** blasslila | 8 **scratcher** *ici :* mit Streifen versehen | 10 **Le livre d'Eli** film américain de 2010 (deutscher Titel : The Book of Eli) | 11 **le cuir** Leder | 11 **un ange** Engel | 12 **les ténèbres** *fpl* Finsternis | 16 **murmurer** parler à voix basse | 17 **le front** Stirn | 19 **la joue** Wange

une nuit dans les catacombes

Depuis la nuit au château d'eau, Eva brillait pour moi d'un éclat noir que j'étais seul à voir ; en cours, personne ne la regardait, à croire qu'elle était invisible.

– J'aime pas que tu restes seule dans cette zone… Viens à la maison,
5 tu dormiras au salon, Ophélie dira jamais non.

Eva a souri, elle a posé la main sur mon bras.

– C'est gentil, Darwin, mais ne t'inquiète pas. De temps en temps, pourquoi pas… mais ma maison c'est là-bas. Milan doit rentrer bientôt, je ne serai pas seule longtemps.

10 Devant mon air inquiet :

– Cette nuit je veux bien, on pourra travailler ensemble… Je vous aime bien tous : Ophélie, Jibé, Banksy et toi. Vous êtes une famille pour moi…

J'ai ri :

15 – Un peu spéciale, la famille !

Ça me plaisait, qu'elle mette Banksy dans le lot.

Je ne pouvais pas l'amener au château d'eau, mon rat : Eva avait ramassé un chat qui avait eu des petits, ils auraient niqué Banksy.

Pendant qu'Eva et moi on roucoulait, dans la cité les expulsions
20 continuaient, les flics avaient même passé des femmes et des enfants au gaz lacrymo, c'était dans le *Parisien*, Jibé nous a tout raconté.

– Au lacrymo tu te rends compte ? Des femmes et des gosses ! Ça me rend fou quand je vois ça, j'ai envie de tout casser.

Isaac essayait de le calmer.

25 – T'énerve pas comme ça, Jibé…. Ophélie hochait la tête :

---

1 **un château d'eau** Wasserturm | 1 **briller** glänzen | 18 **niquer** *fam* tuer (töten) |
19 **roucouler** *ici :* turteln | 21 **le gaz lacrymo(gène)** Tränengas

– Moi, j'aime bien tes colères, Jibé. Allez, Isaac, sers-moi une louche de ton gratin de patates douces : j'oublie tout quand je l'ai dans la bouche.

Il avait une histoire, ce gratin : c'est Joey Starr qui avait donné la recette à Isaac. Joey Starr lui-même ! Il connaissait du beau monde, Isaac.

Il était sacrément bon son gratin ! Une tuerie… La patate, il faut la choisir orange, c'est la plus sucrée, la jaune est fadasse : c'est ça le secret, m'a dit le chef en sortant le plat du four, pendant que je le filmais.

Ce samedi-là, on dînait tous ensemble chez Isaac, Eva était là aussi… J'avais parlé du château d'eau à Ophélie et Jibé, ils voulaient plus la laisser partir, elle avait posé son sac chez nous, elle avait l'air de s'y faire.

– Pas question de te laisser seule là-bas en pleine nuit ! avait dit Ophélie. Que ça te plaise ou non, tu dors ici.

Jibé :

– Tu as eu de la chance jusqu'ici, mais imagine qu'une bande te repère ?

Je tremblais rien que d'y penser.

Eva dormait sur le divan : un vrai chat cette fille, elle est à l'aise n'importe où. Je lui ai proposé mon lit, mais elle a rien voulu savoir :

– Il est parfait ce divan.

Ça me faisait drôle de m'endormir en sachant qu'elle était là, tout à côté, en laissant la porte ouverte je l'entendais respirer. Dire qu'il y a quelques semaines je connaissais même pas le son de sa voix, elle était juste une silhouette solitaire penchée sur ses cahiers, et là elle faisait

---

partie de la famille, tout ça en moins d'un mois… Jibé et Ophélie parlaient à voix basse, Jibé voulait l'adopter, drôle d'idée.

– Laisse-les dire, elle a fait, en haussant les épaules. En attendant, on était très bien comme ça, Eva, Banksy et moi.

Ophélie et Saamiya

Un matin, j'ai trouvé Ophélie en larmes dans la cuisine ; ça m'a fait un choc : j'avais jamais vu ma mère pleurer.

Elle qui a toujours le sourire… Un journal était étalé sur la table, devant elle : la photo d'une fille noire aux traits fins.

– Qu'est-ce t'as, mama ?

Sur ses joues, de grosses larmes arrêtaient pas de couler, elle pensait même pas à les essuyer.

Elle m'a tendu le magazine.

– J'ai connu sa mère à cette fille, c'était ma voisine à Mogadiscio, sa fin aurait pu être la mienne… C'est comme ça que je suis arrivée ici moi aussi, j'ai eu plus de chance que Saamiya…

Elle a essuyé ses larmes avec ses doigts. J'ai lu, et moi aussi j'ai eu la gorge serrée.

L'article, écrit par une journaliste somalienne, racontait la fin terrible de Saamiya Yusuf Omar, qu'on venait de retrouver noyée au fond d'un bateau de clandestins, près des côtes de Sicile. Un de ces bateaux qu'on appelle une charrette « et que tous les Somaliens connaissent bien », disait la journaliste. Saamiya était une jeune sportive qui avait couru aux JO de Pékin et rêvait de participer à ceux de Londres… Pour ça, elle avait fui son pays en guerre, le pays d'Ophélie, elle était partie sans rien dire à personne, elle s'était embarquée sur un rafiot pourri avec des dizaines de clandestins en fond de cale… C'est là qu'on l'avait retrouvée, avec quatre garçons de vingt ans : son rêve d'un monde meilleur s'était fini en cauchemar. Le médecin italien qui l'avait examinée dans le coma racontait : « Elle avait un beau visage

---

3 **étaler** *ici :* ouvrir | 7 **essuyer** *ici :* trocknen | 13 **avoir la gorge serrée** jdm ist die Kehle wie zugeschnürt | 15 **se noyer** ertrinken | 16 **un clandestin** un immigrant illégal | 16 **une côte** Küste | 17 **une charrette** Karren, *ici :* Flüchtlingsboot | 19 **les JO** *abrév de* Jeux olympiques | 21 **s'embarquer** monter sur un bateau | 22 **un rafiot** un mauvais bateau | 22 **pourri** schrott | 22 **le fond de cale** Bilge, Schiffsraum | 24 **un cauchemar** un mauvais rêve

de madone, l'air serein… J'ai tout fait pour la sauver, mais c'était trop
tard… Je n'oublierai jamais son visage si doux, apaisé même dans
l'agonie… » Avant d'ajouter :

« Elle était enceinte de quatre mois. »

J'avoue, quand j'ai posé le journal, j'avais les larmes aux yeux moi
aussi. On avait l'air malins, Ophélie et moi, en train de pleurer sur la
table du petit-déj'…

– Enceinte en plus… C'est comme ça que je suis venue ici moi
aussi, a répété Ophelie, dans un de ces bateaux pourris… Seulement
moi j'ai eu de la chance, et pas Saamiya.

Ophélie m'avait jamais raconté comment elle était arrivée en
France, elle parlait jamais du passé.

J'ai regardé la photo de Saamiya, une jolie fille avec un visage en
forme de cœur, en jogging, souriante, après sa course aux JO de Pékin,
il y a quatre ans…

J'ai imaginé Ophélie toute jeune, dans un de ces bateaux pourris…
Est-ce que j'étais déjà dans son ventre, pendant la traversée ? J'ai pas
osé lui demander, c'était pas le moment… J'ai eu froid tout à coup, et
j'ai pensé qu'on avait une sacrée chance, Ophélie et moi, d'être bien
au chaud dans la cuisine, à pleurer sur le malheur des autres devant
un journal.

– Un jour on ira en Somalie toi et moi… m'a dit Ophélie en se
mouchant dans du sopalin. Dès que ça ira mieux là-bas, on ira voir la
maman de Saamiya, ses frères et ses sœurs, une famille formidable…
tu verras.

Elle a hoché la tête en s'essuyant les yeux.

– Un jour : quand ça ira mieux là-bas.

---

1 **serein, e** heiter | 1 **sauver** retten | 2 **apaisé, e** beruhigt | 3 **dans l'agonie** *f* im
Sterben | 4 **enceinte** schwanger | 5 **avouer** gestehen | 6 **avoir l'air malin** *fam ici :* blöd
dastehen | 17 **une traversée** *ici :* Überfahrt | 23 **se moucher** sich schnäuzen | 23 **le sopalin**
Küchenpapier, Zewa

Elle a regardé la photo de Saamiya sur la table, tout sourire devant les photographes à Pékin ce jour-là…

– Certains s'en sortent, d'autres coulent en route ; mon bateau a tenu, pas celui de Saamiya, son bébé est mort avec elle, et toi tu es ici, Dieu merci… a dit Ophélie, les yeux rougis, avant de disparaître dans son taxi.

Un jour on ira en Somalie, Ophélie, un jour… J'ai soupiré.

En attendant, il fallait filer au lycée : j'avais cours de SVT.

J'avais emmené le journal, la prof a bien vu que j'étais mal :

– Ça va pas, Darwin ?

Je lui ai tendu le magazine, sans rien dire, elle l'a lu, elle avait l'air émue ; elle a pris la carte du monde, et elle a raconté à toute la classe « la courte vie de Saamiya, qui aurait pu devenir une grande sportive »…

Elle a lu l'article à haute voix, on en a discuté tous ensemble, le cours a été chamboulé, mais tout le monde était bien réveillé. Eva est arrivée en retard, juste à temps pour entendre l'histoire de Saamiya.

La plupart des filles avaient les yeux roses à la fin, surtout celles dont les parents viennent de loin, mais les autres aussi ; les garçons se sont raclé la gorge, pour chasser la tristesse.

Même la prof avait les larmes aux yeux.

Ce jour-là, j'ai compris que c'est des gens comme les autres, les profs, et y en a même des bien.

---

3 **couler** *ici* : sinken, untergehen | 7 **soupirer** seufzen | 8 **SVT** *abrév de* Sciences de la Vie et de la Terre (Erde) | 12 **ému, e** → une émotion | 16 **chambouler qc** *ici* : etw über den Haufen werfen | 20 **se racler la gorge** sich räuspern

le potager sur le toit

Hey ! Mais tout n'était pas triste dans nos vies… loin de là !

Un jour, Jibé nous a amené une salade comme j'en avais jamais mangé. Un goût, mais un goût ! Les autres, à côté, on aurait dit du carton à pizza.

5 — Oh celle-là, elle vient de la campagne ! Jibé a ri :

— Pas du tout ! Elle pousse en haut d'un immeuble, au cœur d'une cité, c'est mon amie Tony qui la cultive. Samedi, si tu as le temps, je t'emmène la voir : tu ne seras pas déçu.

Le samedi, on y est allés. Tony est américaine, elle a ramené une
10 drôle de pratique de Chicago : le *guerilla gardening*.

C'est une belle Black, petite et costaude, avec des dreads blanches qui lui donnent l'air d'une lionne, elle a un rire à faire trembler les murs. Elle vit au dernier étage d'une tour dont le toit est vide et plat, elle est amie avec le gardien – c'est son petit copain je crois bien. Avec
15 lui, elle a monté de la terre et des graines, elle fait son potager sur le toit. Elle a même une poule chinoise dans une cage : une boule de plumes blanches qui lui pond un bel œuf tous les matins.

Tony, elle a vraiment les pouces verts, comme dit Jibé : en haut de sa tour, tout pousse ! Une vraie jungle.

20 Là, c'était en été : elle avait des aubergines, des poi- vrons, des tomates, des fèves, des salades… En bas, on voyait les tours, les barres, le RER… Ça aussi j'ai filmé.

---

un potager Gemüsegarten | 1 loin de là *ici : expr* au contraire | 3 le goût Geschmack |
6 pousser wachsen | 6 un immeuble Hochhaus | 8 déçu, e enttäuscht | 11 costaud, e
kräftig | 11 des dreads *fpl engl* des dreadlocks, Rastalocken | 12 une lionne Löwin |
16 une poule Henne | 17 pondre un œuf ein Ei legen | 18 avoir les pouces verts *expr* einen
grünen Daumen haben | 21 une fève Saubohne | 21 une barre *ici :* une barre d'immeubles
Plattenbau(siedlung) | 22 le RER le train de banlieue

– Ne mets pas l'adresse, surtout, dans ton film, Darwin, ni le nom de la cité : c'est interdit ce que je fais, j'aurais les flics au cul et je devrais bazarder le potager : *no way* !

– T'inquiète : personne pourra deviner où il est !

Et c'est vrai que d'en bas, on ne pouvait rien voir, à cause de la rambarde en béton, assez haute, et qui protégeait des regards ; elle avait même planté un rang de cannabis entre les fèves et les artichauts.

Le dimanche d'après, j'ai emmené Eva chez Tony.

– Faites attention, les jeunes : vous penchez pas ! Elles se sont tout de suite bien entendues, ces deux-là, à croire qu'elles se connaissaient depuis toujours…

– C'était du gâchis, tout cet espace perdu… Aux beaux jours, plus besoin d'aller au marché, il y en a même pour les amis.

En nous faisant visiter ses « plantations », comme elle les appelle, Tony nous a fait un cours sur le *guerilla gardening* : ça vient des States, là-bas des terroristes verts font pousser des plantes dans les friches industrielles, sur les terrains vagues, en pleine ville, n'importe où… Partout où on peut planter des graines, sur les toits, et parfois même le long des murs. Elle nous a montré des photos, c'était fou !

Un de ses amis, à New York, avait fait pendant des années un grand jardin sur les ruines d'un immeuble en briques, les voisins y venaient, les mamans avec leurs bébés, les enfants…

Du coup, les dealers sont partis un peu plus loin.

– Aujourd'hui le jardin est détruit, les promoteurs ont tout rasé, mais mon ami Ben l'a entretenu pendant dix ans, et moi j'ai pris des photos, comme ça il reste une trace.

On est rentrés avec un panier plein de poivrons, tomates, piment, persil, haricots, coriandre, et même une boule de céleri… Et c'est ce

---

2 qn a les flics au cul *vulg* les policiers cherchent qn | **3 bazarder** *fam ici* : abandonner | **6 une rambarde** Geländer | **9 se pencher** sich beugen | **12 le gâchis** Verschwendung | **12 un espace** Raum | **16 une friche industrielle** Industriebrache | **17 un terrain vague** unbebautes Gelände | **21 une brique** Ziegelstein | **25 entretenir un jardin** s'en occuper | **28 le persil** Petersilie | **28 un °haricot** Bohne

soir-là que j'ai fait à Eva un jambalaya du tonnerre : le jamba de Tony.
Je lui ai envoyé les photos par mail dans la nuit, elle a été ravie : *La
prochaine fois, je viens manger avec vous !*

Oooops… promis Tony !

– Tu aurais pu y penser tout seul, à l'inviter, la jardinière ! a dit
Ophélie, en se régalant.

Oui c'est vrai, *sorry* Tony, j'y avais pas pensé…

Une heure après, le plat était vide, il ne restait rien, pas un grain de
riz ni une rondelle de chorizo, pourtant j'en avais fait pour huit ! La
cocotte était pleine à ras bord, à nous quatre on avait tout liquidé.

– Ça me rappelle mon voyage en Louisiane, après l'ouragan
Katrina… a soupiré Jibé, en sauçant son assiette.

Et il s'est mis à nous raconter le bayou après l'inondation, les
alligators crevés sur les routes, et les maisons noyées.

– C'est délicieux, le steak d'alligator ! Tu aimerais ça, Darwin. On
prend les morceaux dans la queue, ils en font même des nuggets. Je me
demande si on peut en trouver ici… Il faudra que j'en parle à Isaac.

– Des nuggets d'alligator ? Je serais curieux d'essayer.

– Sans moi, a dit Eva. Et pourquoi pas du chat ou du rat ?

– Euh, tu te vois vivre avec un alligator apprivoisé dans ta
chambre ?

Sur mon lit, on s'est mis à délirer.

– Tu sais où j'aimerais aller taguer ? m'a dit Eva.

– Non, dis toujours ?

– Les catacombes… J'ai vu un doc, depuis je rêve d'y aller.

Moi aussi, j'avais toujours eu envie, mais seul, j'aurais eu les jetons.
Avec Eva, ce serait formidable : notre lune de miel au pays des têtes
de mort…

---

2 ravi, e très content | **9 une rondelle** *ici :* Stück | **10 une cocotte** Topf | **10 à ras bord** bis
zum Rand | **10 liquider** *ici :* manger | **11 un ouragan** Orkan | **12 saucer** auswischen | **13 un
bayou** *en Louisiane :* sumpfiger Flussarm | **13 une inondation** Überschwemmung | **14 crever**
fam mourir | **16 la queue** Schwanz | **20 apprivoiser** zähmen | **22 délirer** *ici : fam* spinnen |
26 avoir les jetons *fam* avoir peur | **27 une lune de miel** Flitterwochen

carambar et tête de mort

Mon pote Ulysse y était allé dans les catacombes, il saurait m'indiquer la bonne entrée, comment éviter de se paumer et tourner en rond une semaine au milieu des squelettes : très peu pour moi ! Je l'ai bipé, pour qu'il m'explique le trajet.

– Darwin, ça alors ! Ça doit faire trois mois que tu m'as pas appelé, j'ai cru que t'étais mort… T'es amoureux ou quoi ?

J'ai murmuré une vague excuse.

– Tu veux emmener une fille dans les catacombes ? Drôle d'idée. Alors… un squelette bleu sur une grille, juste devant l'hosto : tu peux pas te gourer. Tu la soulèves, tu descends. Attention ! Tu vas trouver une centaine de barreaux rouillés, y en a qui bougent, mais en général ça tient. Parfois il y a en a un qui lâche, mais si on se tient bien, on risque rien. Sois prudent, emmène des provisions, on sait jamais, surtout restez toujours ensemble ! Il y a des types qu'on a jamais retrouvés là-bas, leurs squelettes doivent traîner quelque part, il y a même des fantômes, à ce qu'on dit. Ça va, t'as pas peur ?

Au téléphone, il a ri.

– Je t'envoie le plan en PJ, ça peut aider. Prends une lampe-torche, et même deux, si l'une tombe en panne, et passe me voir quand tu seras revenu d'entre les morts, avec ta fiancée… Ça doit être une gothique, pour que tu l'emmènes là-bas, non ?

J'ai bredouillé je ne sais quoi et j'ai raccroché.

Pas question que je présente Eva à Ulysse, elle est un peu trop son style, il voudrait plus la lâcher.

---

un carambar une sorte de bonbon au caramel | 2 éviter vermeiden | 2 se paumer *fam* perdre son chemin | 3 très peu pour moi nein, danke ! | 5 ça alors ! na, so was! | 9 une grille Gittertür | 10 se gourer *fam* se tromper, faire une erreur | 11 un barreau Stab | 11 rouillé, e rostig | 13 être prudent, e faire attention | 13 des provisions *fpl* de quoi boire et manger | 18 en PJ *abrév de* pièce jointe Anhang | 22 bredouiller parler de façon peu claire

Eva étudiait la carte, pendant ce temps-là j'ai préparé un pique-nique : cake au Carambar – Eva adore – et des petits pains farcis à la viande hachée, trouvés sur le blog d'un cuistot de Dubaï : quand on cuisine, on voyage sans bouger de chez soi. Mais là, cette nuit, on allait voyager pour de vrai, sous la terre, au pays des morts… J'avoue, j'avais un peu la frousse, ça m'a détendu de faire à manger.

En moins d'une heure, j'avais tout préparé.

– Tu es sûre que tu veux y aller cette nuit, Eva ? Tu préfères pas attendre ?

– Non. Cette nuit ou jamais : c'est la pleine lune ! La pleine lune ? Y a que les filles pour faire attention à ce genre de détail. On est sortis, on a pris nos vélos, direction l'hosto, je craignais que le squelette n'y soit plus, effacé par la brigade anti-tag… mais non, il était toujours là.

Les mots d'Ulysse me sont revenus : « Tu soulèves la grille, tu descends, et surtout tu la remets ! Il y a des cinglés dans les catacombes… Autant ne pas les attirer. »

Là, j'étais tout à fait d'accord.

On avait mis des joggings bien chauds, Eva et moi – on se les gèle au pays des morts –, sac au dos, chacun une lampe frontale, j'en avais trouvé deux au fond d'un placard…

Banksy était bien coffré dans ma capuche, comme d'hab.

On a soulevé la trappe et on a disparu tous les trois – avalés par les entrailles de la ville.

Eva est descendue la première, elle voyait bien que je flippais.

– T'en fais pas, Darwin : tout va bien se passer. Tu as pris ta caméra ? Et Banksy, ça va ?

---

2 **farcir** füllen | 3 **la viande hachée** Hackfleisch | 3 **un cuistot** *fam* un cuisinier | 6 **détendre** entspannen | 10 **la pleine lune** Vollmond | 12 **craindre que** + *subj* avoir peur que + *subj* | 16 **un cinglé** *fam* un fou | 19 **on se les gèle** *fam* il fait froid | 20 **une lampe frontale** Stirnlampe | 22 **coffré, e** *ici :* installé | 23 **une trappe** *ici :* Falltür | 23 **avaler** schlucken (*ici : fig*) | 24 **les entrailles** *fpl* Inneres | 25 **flipper** *fam* avoir peur

– Banksy, ça va : il est toujours zen.

Et on a commencé la descente infernale.

J'en menais pas large, c'était comme l'échelle du château d'eau, pire encore : on s'enfonçait sous la terre, on y voyait que dalle, j'avais peur d'atterrir en enfer.

Au bout d'un temps interminable – mes tempes battaient comme un tambour –, on a mis le pied sur un sol moite et mou. Ça sentait la pourriture et la mort, comme si on était des taupes et qu'on creusait des galeries sous un cimetière.

Les lampes traçaient des ronds de lumière sur les parois en briques noires. En dehors de ces taches claires on ne voyait *rien*, c'était encore plus angoissant. Enfin, pour moi…

Eva avait l'air d'aller, elle était dans son élément.

– Ça va toujours, Darwin ?

– Pas mal et toi ?

J'avais un tout petit filet de voix étranglé, elle a ri dans le noir.

– T'en fais pas, j'ai étudié le plan : les noms des rues sont marqués partout ! elle a dit en baladant son faisceau contre les parois.

– C'est comme en haut, à part qu'il fait noir et qu'il n'y a personne, mais le plan est le même ! On risque rien. Si tu veux on mangera place Lautréamont – regarde, c'est là, on devrait y arriver vite, je suis sûre que tu te sentiras mieux le ventre plein, non ?

J'enviais son calme : j'avais l'impression d'être dans *The Descent*. La veille, Eva et moi on avait regardé ce film horrible ensemble : une

1 **zen** *fam* cool, relax | 2 **infernal** → l'enfer (Hölle) | 3 **ne pas en mener large** *expr fam* keine glorreiche Figur machen | 3 **une échelle** Leiter | 4 **s'enfoncer** *ici :* eintauchen | 4 **que dalle** *fam* rien | 5 **atterrir** *ici :* arriver | 6 **la tempe** Schläfe | 6 **battre** schlagen | 7 **un tambour** Trommel | 7 **le sol** Boden | 7 **moite** feucht | 7 **mou, molle** weich | 8 **la pourriture** Fäulnis, Moder | 8 **une taupe** Maulwurf | 8 **creuser** graben, hineintreiben | 9 **un cimetière** Friedhof | 10 **une paroi** un mur | 12 **angoissant, e** qui fait peur | 13 **être dans son élément** se sentir bien | 16 **un filet** *ici :* Luftzug | 16 **étranglé, e** *ici :* erstickt | 18 **un faisceau** Lichtstrahl | 19 **à part que** außer, dass | 23 **envier** beneiden | 24 **la veille** am Vortag

bande de filles descendent dans une grotte en spéléo, elles se font massacrer par une bande de morts vivants. Sans Eva, j'aurais jamais eu le courage de le voir jusqu'au bout, la fin surtout, un vrai cauchemar : la dernière fille se croit sauvée, en fait elle a juste rêvé, elle se réveille encerclée par les monstres…

Une drôle d'idée, d'avoir vu ce film juste avant de descendre.

Eva, ça lui avait rien fait du tout :

– C'est qu'un film, Darwin !

Là, en m'enfonçant avec elle sous la terre, j'avais l'impression d'être dans *The Descent* : ma frousse était bien réelle, c'était pas du cinéma. Il faisait noir et froid, le moindre bruit résonnait, je devinais des monstres planqués le long des parois, pendus par les pieds comme des chauves-souris géantes, je sentais leur souffle moisi sur mon cou… J'entendais la voix d'Ulysse dans le noir : « Y en a qu'on a jamais retrouvés… »

À force d'avancer à tâtons, on est arrivés devant une place : quelqu'un avait bricolé un petit château en terre avec une tête de mort au milieu, et posé des figurines de Shrek sur les créneaux, entourées de tibias – sympa.

On s'est assis juste devant pour déjeuner, on a posé une bougie sur le château, ça faisait son petit effet, j'ai pris une photo.

– Ulysse dit qu'il faut leur donner à manger, à Shrek et à sa fiancée, comme ça on évite les ennuis : ils veillent sur nous pendant la traversée.

– OK, je voudrais pas les froisser. Cake au Carambar ou pain farci ?

– Carambar !

---

1 **une grotte** Höhle | 1 **la spéléo** *abrév de* **spéléologie** Erkundung von Höhlen | 2 **un mort vivant** wandelnde Leiche | 5 **encercler** umgeben | 11 **le moindre** le plus petit | 11 **résonner** (wider)hallen | 12 **planquer** *fam* cacher | 12 **pendre** hängen | 13 **une chauve-souris** Fledermaus | 13 **moisi, e** moderig | 14 **le cou** Hals | 16 **à tâtons** tastend | 17 **bricoler** fabriquer | 18 **un créneau** *ici* : Schießscharte | 19 **un tibia** Schienbein | 23 **un ennui** un problème | 25 **froisser qn** jdn kränken

J'ai pris une toute petite part, je l'ai déposée devant Fiona, ça a fait rire Eva, je me suis senti mieux. Au début j'avais pas trop faim, Eva mangeait pour deux, elle a englouti trois petits pains, ensuite elle s'est jetée sur le cake.

– Darwin, tu es un chef !

Dans le noir j'ai rougi, j'ai mangé moi aussi, ça m'a fait du bien. Banksy était dans la capuche peinard, le noir c'était fait pour lui… Je lui ai passé des miettes et j'ai tout filmé : Eva la lampe sur le front, le pique-nique dans le noir, Banksy dressé sur ses pattes arrière, frétillant des moustaches…

Les murs en pierre tout autour de nous, les têtes de mort et les tibias empilés partout, bien en ordre, comme des bûches l'hiver à la cambrousse…

Effet magique du Carambar ?

J'ai commencé à me sentir vraiment bien.

– J'adore ton cake ! a dit Eva en s'essuyant les lèvres. (Il n'en restait plus une miette.) On fait une pause ou on continue ?

À ce moment-là, on a entendu les voix dans le noir.

---

7 **peinard, e** relax | 8 **des miettes** *fpl* Krümel | 9 **frétiller** wedeln | 12 **une bûche** Holzscheit

des skins dans la nuit

Ça chantait dans le noir, des grosses voix de mecs, on entendait le bruit des bottes résonner dans les couloir – on aurait dit les sept nains de Blanche-Neige sous ecstasy.

– … C'est nous les fachos ! Aïli ! ! ! Aïlo ! ! !

5 Et là, on les a vus… On n'était plus dans Disney : des skins !

Le pire qui pouvait nous arriver… Ulysse en avait croisé une nuit ici, il avait eu la frousse de sa vie. J'ai éteint ma lampe, j'ai dit tout bas à Eva de faire pareil :

– Eva faut courir : ces types c'est des tueurs, on n'a pas intérêt à ce 10 qu'ils nous trouvent, filons avant qu'ils nous voient !

J'ai remballé les affaires en deux secondes, fourré Banksy dans ma capuche, j'ai pris la main d'Eva et run ! ! ! Droit devant !

Trop tard : les skins arrivaient au pas de course ! Ils courent toujours, ces cinglés, à croire qu'ils savent pas marcher.

15 – Oh, un petit bronzé !

– Et sa gonzesse !

– On va en faire qu'une bouchée de ces petits bobos…

– Ça tombe bien : j'ai faim ! (Gros rires gras.)

– Tu prends la fille, je prends le gars !

20 – Toi on connaît tes goûts, ah ! ah !

Une sueur froide ruisselait le long de mon dos, Eva m'a attrapé le bras, elle était dure comme du fer, je reconnaissais plus sa voix :

– Viens, on va à droite, là où c'est le plus étroit ! Ça, c'était une bonne idée.

---

1 **un mec** *fam* un homme | 2 **une botte** Stiefel | 2 **un nain** Zwerg | 3 **Blanche-Neige** Schneewittchen | 4 **un facho** *fam abrév de* fachiste | 15 **bronzé, e** braungebrannt (*ici :* noir) | 16 **la gonzesse de qn** *fam* sa copine | 17 **ne faire qu'une bouchée de qn** *expr* mit jdm kurzen Prozess machen (**une bouchée** Bissen) | 17 **un bobo** *fam abrév de* bourgeois bohême : *junger Wohlstandbürger, der einen alternativen Lebenstil hat* | 18 **gras, se** fett | 21 **la sueur** Schweiß | 21 **ruisseler** couler | 22 **le fer** Eisen | 23 **étroit, e** eng

J'entendais le bruit de bottes des tarés derrière nous, badabam-badadam, j'avais l'impression d'être dans le film *Inglourious Basterds* : crânes rasés, tatouages, croix gammées… la panoplie du parfait petit facho. Ils avaient même un pitbull qui grondait, un grondement terrifiant, un chien de skin, dressé à dévorer les Blacks, les Rebeux, les gothiques…

Tout ce qui est pas blond aux yeux bleus, la boule à zéro.

Les fafs hurlaient !!! Des pitbulls humains, j'avais encore plus peur d'eux que de leur chien.

Une chance pour nous, ils étaient lourds, pintés à la bière : ils couraient avec une grâce de mammouth, sans ça ils nous auraient tout de suite attrapés.

La peur nous donnait des ailes à Eva et moi, on aurait pu participer aux JO de la frousse, on les semait…

Enfin presque : le souterrain s'est arrêté net : on était faits comme des rats. J'avais la gorge nouée, les jambes qui tremblaient, je me suis retourné… j'ai vu leur lampe rouge s'approcher dans le noir. Foutus, on était foutus…

Eva m'a tiré par le bras :

– Là-haut ! Grimpe ! Suis-moi…

Elle a empoigné une échelle en métal rouillé à moitié dézinguée : elle a filé comme une fusée, j'ai suivi.

Ça grimpait, ça grimpait… en tremblant, mais ça y allait.

---

1 **un taré** un fou | 3 **un crâne rasé** Glatzkopf | 3 **une croix gammée** Hakenkreuz | 3 **une panoplie** *ici :* Kostüm, Ausstattung | 4 **gronder** knurren | 5 **un Rebeu** *fam verlan* un Beur, un Arabe | 7 **la boule à zéro** *fam* Glatzkopf | 8 **un faf** *fam abrév de* « la France aux Français », un fachiste, un raciste | 10 **lourd, e** schwer | 10 **pinté, e** *fam* besoffen | 11 **la grâce** Grazie | 13 **donner des ailes à qn** *expr ici :* jds Schritte beschleunigen | 14 **les JO** *abrév de* Jeux olympiques | 14 **semer qn** jdn abhängen | 15 **un souterrain** unterirdischer Gang | 15 **net** *ici :* abrupt | 15 **être fait comme un rat** *expr fig* in der Falle sitzen | 16 **avoir la gorge nouée** jds Kehle ist wie zugeschnürt | 17 **on est foutus** *fam* es ist aus mit uns | 19 **tirer** ziehen | 20 **grimper** hochsteigen | 20 **suivre qn** jdm folgen | 21 **empoigner qc** etw packen | 21 **dézingué, e** *fam* cassé | 22 **une fusée** Rakete

Ça devenait de plus en plus étroit, il manquait un barreau sur deux, certains bougeaient, mais ça tenait…

Une chance pour nous, on était légers.

Les skins aussi se sont mis à grimper – on entendait leurs hurlements
5 résonner, de plus en plus près…

– On vous aura, petits bâtards !

– Vous serez bons à jeter quand on en aura fini avec vous !

J'avais envie de vomir, j'ai glissé, j'ai failli tomber… Eva m'a rattrapé par le bras.

10 – Les écoute pas, ces tarés, grimpe ! ! !

On a continué, le boyau devenait de plus en plus étroit… Dans une minute on allait se retrouver bloqués, c'est sûr, avec les sept dingues en bas… Je les entendais haleter, comme des clebs, une main a frôlé ma Converse… J'ai donné un grand coup, j'ai entendu un os craquer, un
15 hurlement – j'ai pas eu le temps de regarder.

– T'as signé ton arrêt de mort, nègro !

On allait se faire massacrer : on serait juste un fait divers dans le journal, deux ados retrouvés morts dans les catacombes… Pauvre Ophélie ! j'ai pensé.

20 – On va y arriver, a dit Eva, j't'e jure, on va passer, suis-moi !

C'était tellement serré, on se sentait comme des vers de terre… Et là, j'ai entendu les types hurler – de rage, de désespoir.

Eva a éclaté de rire, un rire sauvage :

– Ils sont coincés, ces gros lards !! YEAAAHHH ! ! ! Un cri de
25 victoire.

Et nous, on avait toutes les chances de mourir étouffés.

---

3 **léger, -ère** leicht | 8 **vomir** erbrechen | 11 **un boyau** *ici :* Laufgraben | 13 °**haleter** keuchen, hecheln | 13 **un clebs** [klɛps] *fam* un chien | 13 **frôler** toucher légèrement | 14 **un os, des os** [ɔs, ːo] Knochen | 16 **signer son arrêt de mort** sein Todesurteil unterzeichnen | 17 **un fait divers** nebensächliches Ereignis in der Rubrik "Vermischtes" | 20 **jurer** schwören | 21 **serré, e** dicht, eng | 21 **un ver de terre** Regenwurm | 23 **sauvage** wild | 24 **être coincé, e** eingeklemmt sein | 24 **gros lard** *m péj* Fettwanst | 26 **étouffer** ersticken

D'ici quelques mois, on trouverait nos squelettes coincés dans le boyau, et personne ne comprendrait ce qui nous était arrivé. Et là, alors que je désespérais… On a vu la lumière.

Toute proche, fine, dorée, une fente – comme si on était à l'intérieur d'une tirelire.

Eva s'est mise à taper du poing sur la plaque de métal, en prenant appui sur les barreaux :

– Merde, Darwin ! C'est bloqué ! ! !

– Laisse-moi voir…

– On est foutus, Darwin… C'est ma faute, sans moi, tu serais jamais venu ici…

Elle était au bord des larmes.

– T'y es pour rien, Eva, c'est ces salopards en bas… Je me suis glissé à côté d'elle, juste sous la plaque, j'ai cogné de toutes mes forces : rien à faire.

– T'en fais pas, on va s'en sortir… J'avoue, je voyais pas du tout comment.

Et là, on a entendu bling-bling-bling ! ! ! Des bruits de métal, des coups…

La trappe s'est soulevée ! Comme par miracle.

4 **doré, e** golden | 4 **une fente** Schlitz | 5 **une tirelire** Sparbüchse | 6 **le poing** Faust |
6 **une plaque** Platte | 7 **prendre appui sur qc** sich auf etw stützen | 13 **un salopard** *fam*
Dreckskerl | 20 **un miracle** Wunder

plein soleil

Deux mains ont tiré Eva vers la lumière – vers le ciel –, deux bras nous ont ramenés à la vie et nous ont déposés en plein soleil, sur un trottoir.

Là, on a vu un grand type en bleu de travail, tout étonné :

– Ben, d'où vous sortez tous les deux ? Une chance que je vous aie entendus cogner et que j'aie pu soulever la trappe ! Tout seuls, vous n'auriez jamais pu sortir…

Il a changé de visage en voyant la tête qu'on faisait : nos tronches, nos vêtements couverts de boue, mes dents qui claquaient – j'avais sûrement les lèvres bleues.

– Qu'est-ce qui vous est arrivé, les jeunes ? ? ?

On a tout déballé : la virée, les skins, leurs cris, la frousse de notre vie… Le boyau étroit, la plaque, la peur d'y rester.

– Ben dites donc… Vous revenez de loin ! Venez boire quelque chose, vous l'avez pas volé.

Eva a pris un chocolat et moi un coca : le meilleur de ma vie. Je regardais le soleil, Eva, les gens qui passaient…

Jamais je m'étais senti aussi vivant.

On a posé Banksy sur la table entre nous, il rongeait sa croûte, tranquille, comme si on ne venait pas de frôler la mort, comme si tout ça, c'était normal… Sacré Banksy.

Eva m'a pris la main, elle avait une drôle de voix, à la fois joyeuse et effrayée.

– À la fin j'ai vraiment cru qu'on était *foutus*, Darwin, je peux te le dire maintenant…

Les gens nous regardaient, on avait l'air de deux zombies en cavale, avec un rat en plus…

---

8 **une tronche** *fam* un visage | 9 **la boue** Schlamm | 9 **claquer** *ici :* klappern | 12 **déballer** *ici : fam* raconter | 15 **vous (ne) l'avez pas volé** *expr fam* ihr habt es verdient | 20 **frôler** *ici :* passer tout près | 23 **effrayé, e** qui a peur | 26 **en cavale** auf der Flucht

On s'en foutait : on était vivants. Vivants ! ! ! Mais dans quel
état…

J'ai sorti mon portable, je pouvais pas louper ça :

– Tu te verrais, Eva ! Elle a ri :

– Et toi alors !

Le grand type sympa, notre sauveur, a tendu la main :

– Je vais vous photographier ensemble tous les deux, ça vous fera
un souvenir… Mon nom, c'est Jonas.

– Moi c'est Darwin…

– … et moi c'est Eva.

– Il faut porter plainte contre ces types !

– Impossible : c'est interdit d'aller en bas, ma mère va flipper si elle
apprend ça.

– La police, je peux pas, a dit Eva, j'aurais des ennuis.

– C'est vous qui voyez, les jeunes…

On pouvait pas rentrer à la maison comme ça, couverts de boue,
on en avait partout, même sur les joues.

– Allons chez moi, a dit Eva, j'ai des fringues qui devraient t'aller,
on pourra se doucher.

– Vous voulez que je vous dépose ? Ma bagnole craint rien, je fais
les chantiers.

– On dit pas non…

Jonas nous a emmenés jusqu'au château d'eau.

– C'est ici que tu vis ? Dans la tour ? ? ? C'est génial, cet endroit ! ! !

Eva a souri :

– On va te faire visiter – je peux te dire tu ?

– Bien sûr ! a dit Jonas, vu l'état dans lequel je vous ai trouvés…
ça crée des liens, un sauvetage ! Celui-ci ne m'a pas demandé trop de

---

11 **porter plainte contre qn** gegen jdn Anzeige erstatten | 12 **flipper** *fam* avoir peur | 18 **une fringue** *fam* un vêtement | 20 **une bagnole** *fam* une voiture | 20 **ne rien craindre** *ici :* nicht dreckempfindlich sein | 20 **faire les chantiers** *mpl fam* auf Baustellen arbeiten | 27 **vu** *ici :* in Anbetracht … | 28 **ça crée des liens** *expr* es verbindet | 28 **un sauvetage** → sauver p. 56

mal, un coup de cric et hop : simple comme d'ouvrir une boîte de sardines !

On a ri : c'étaient nous, les sardines.

On a fait le tour du château d'eau avec Jonas, on a visité la cuve, un
5 endroit génial à taguer, entre parenthèses : une surface de béton lisse
et ronde, ça me donnait des idées pour plus tard. La cuve était percée
d'un hublot, on se serait crus dans un sous-marin. Eva s'est faufilée
à l'intérieur avec la lampe, Jonas et moi on a suivi, ça résonnait, le
faisceau lumineux dessinait des fleurs d'or le long des parois, Jonas
10 en revenait pas :

– J'ai bien fait de vous sauver, les amis ! Quand je raconterai ça à ma
femme ! Tu m'enverras les photos, Darwin ? Sans ça elle voudra jamais
me croire : elle me dit toujours que je devrais écrire des romans, j'ai
trop d'imagination – et ben là pour une fois…
15 – Promis ! Je t'envoie ça dès ce soir.

– Jonas, surtout ne dis à *personne* où se trouve le château d'eau !
a dit Eva. Même pas à ta femme : j'ai pas envie d'avoir la DASS aux
fesses, en plus j'ai pas de papiers.

– Juré.
20 On a pris une douche, on s'est changés, Jonas nous a ramenés.

Pour nous remettre, j'ai fait une salade de mangue verte aux feuilles
de basilic : frais, acide et sucré, idéal pour se requinquer.

– D'où tu la sors cette recette encore ?

– Je viens de l'inventer.
25 – Mmmm…

– Tu veux une glace à l'avocat avant de te coucher ?

---

1 **un cric** Winde | 1 **une boîte** Dose | 4 **une cuve** Tank | 5 **entre parenthèses** *fpl* in
Klammern, *ici :* nebenbei gesagt | 5 **une surface** Fläche | 5 **lisse** glatt | 6 **percer**
durchbohren | 7 **un °hublot** une petite fenêtre ronde | 7 **un sous-marin** U-Boot | 7 **se
faufiler** sich hereinschleichen, schlüpfen | 17 **la DASS** *abrév de* Direction de l'action sanitaire
et sociale (Leitung des Sozial- und Gesundheitswesens) | 17 **j'ai qn aux fesses** *fpl fam* qn me
cherche | 21 **se remettre** sich erholen | 22 **acide** sauer | 22 **se requinquer** *fam* retrouver la
forme

– Je veux bien : j'adore la couleur.

Un vert pareil… et une pointe de piment pour relever : ça réveillerait un mort. J'ai laissé un bol de salade sur la table pour Ophélie, on est allés se coucher, on l'avait pas volé.

– Dis donc la dissert : tu l'as faite ?

– On aura qu'à se lever à cinq heures…

– Tu te souviens du thème ?

– « De quoi est fait mon présent »…

– Facile !

J'aimais ça chez Eva : toujours les pieds sur terre.

On avait été à deux doigts de se faire massacrer, on revenait à peine à la vie, et elle pensait déjà à la dissert.

– Tu peux parler, toi ! On revient de chez les morts, et tu nous fais à manger.

– Oui, mais la cuisine, c'est la vie…

– La philo aussi !

Qu'est-ce que je pouvais dire à ça ?

Cette nuit-là, on a dormi dans mon lit, blottis l'un contre l'autre, comme frère et sœur. Avec ce qu'on venait de vivre… On avait besoin de chaleur.

On a fermé les yeux, on a coulé comme des masses. Je me suis réveillé en premier… Ça m'a fait drôle de voir Eva dans mon lit, tout contre moi. Elle avait l'air d'une môme, innocente, confiante… Banksy pionçait sur l'oreiller, entre nous deux.

On est un drôle de duo, j'ai pensé en me levant, avec un p'tit rat comme enfant. Bon, c'est sûr, Banksy c'est pas n'importe quel rat : y en a pas deux comme lui.

---

2 **relever (un plat)** mehr Würze geben | 5 **une dissert** [disɛʀt] *abrév de* dissertation (Aufsatz) | 10 **avoir les pieds sur terre** *expr fig* être réaliste, pragmatique | 11 **être à deux doigts de faire qc** drauf und dran sein, etw zu tun | 11 **à peine** kaum | 18 **blottis l'un contre l'autre** aneinandergekuschelt | 20 **la chaleur** → chaud | 21 **couler comme des masses** *fpl expr fig* s'endormir tout de suite | 23 **confiant, e** qui a confiance (Vertrauen) | 24 **pioncer** *fam* dormir

– Bien dormi, Darwin ? m'a dit Eva en s'étirant avec un grand sourire… J'ai senti que tu me regardais.

Je me sentais heureux comme jamais.

– Banksy a de la chance : il reste au chaud peinard pendant que nous on doit cavaler.

Y a des fois où j'aimerais bien être un rat, j'ai pensé.

---

5 **cavaler** *fam ici :* aller en cours

happy birthday, Spiderman !

Huit jours plus tard, c'était mon anniversaire.

D'habitude, c'est le seul jour de l'année où mon père inconnu me manque vraiment, mais là, ça allait, grâce à Eva.

Ou alors j'ai grandi ?

Jibé venait juste de rentrer de La Nouvelle-Orléans, il s'occupait d'aide à la reconstruction là-bas, après les dégâts de l'ouragan Katrina. Ça faisait sept ans déjà, mais la région était toujours dans le chaos, et les pauvres n'avaient toujours pas de maison.

– Je t'ai ramené un petit quelque chose, j'espère que ça te fera plaisir.

Pour fêter ça, j'avais fait mon jambalaya des grands soirs, histoire que Jibé soit pas dépaysé. Ophélie avait pris sa journée, Eva était là bien sûr, et aussi Isaac, mon futur patron, ça se soigne, un patron ! Et Banksy la star, assis comme un pacha dans sa boîte Nike… la petite bande quoi.

J'avais réussi à trouver des écrevisses au marché, un arrivage de Pologne, une affaire, un peu loin des bayous de Louisane, mais bon j'allais pas chipoter… À peine plongées dans la sauce au piment, elles ont rougi de la carapace, ça sentait tellement bon avec les gambas, les oignons et les poivrons rouges découpés en lanières… j'ai pris des photos.

Pour le dessert j'avais fait des congolais blancs comme neige, à la noix de coco, farcis aux deux chocolats, blanc et noir ; un truc de mon invention, j'adore quand on les coupe en deux encore chaud, le chocolat blanc et le chocolat noir fondent l'un sûr l'autre.

---

6 **les dégâts** *mpl* Schaden | 12 **ne pas être dépaysé, e** retrouver les habitudes et les personnes du quotidien | 16 **une écrevisse** Flusskrebs | 16 **un arrivage** Lieferung | 18 **chipoter** *fam* faire des histoires | 18 **plonger** tauchen | 19 **la carapace** Panzer | 20 **un oignon** Zwiebel | 20 **une lanière** *ici :* Streifen | 22 **un congolais** *ici :* un gâteau à base de sucre et de noix de coco en poudre

– Sexy ! a dit Eva, en se léchant les doigts.

Isaac m'a offert un super livre de cuisine américaine et le dernier Stromae dédicacé à mon nom :

– *À mon ami Darwin, pour ses 16 ans.*

Je sais pas comment il a fait, merci Isaac !

– Il est venu dîner l'autre jour au restau, avec sa bande, m'a dit Isaac, en soufflant sur ses doigts, j'avais son CD, il l'a signé.

Je le kiffe, Stromae : *Papaoutai*… ça c'est une chanson.

– Merci merci ! ! ! Je le garderai toute ma vie ! j'ai dit.

– Il te ressemble, ce garçon, m'a dit Ophélie, en regardant la photo sur le CD.

Et c'est vrai : on est deux asperges beiges tous les deux, l'air dans la lune, on pourrait être frères, Stromae et moi.

– Seize ans ! Je peux pas y croire, il me semble que tu es né hier, a dit Ophélie, en essuyant une larme.

– Tu étais le plus beau bébé du monde, je voulais pas te lâcher. La sage-femme riait : « Laissez-le un peu, madame… » La toubib râlait : « Ça commence bien ! » Et puis je t'ai posé sur mon sein, et là c'est toi qui n'as plus voulu me lâcher : c'était pas du lait que j'avais, mais de la crème fraîche ! Tu étais menu à la naissance, mais tu as grossi à vue d'œil… Le pédiatre me félicitait à chaque visite : « Ah bravo madame ! » J'avais l'impression d'être une vache à lait.

On pouvait plus l'arrêter Ophélie… Tout le monde a ri, et moi aussi, même si c'était un peu gênant de m'imaginer tétant ma maman, à seize ans. Mais bon… Elle a bien le droit de se lâcher, elle aussi.

---

1 lécher lecken | **3 dédicacer** widmen | **12 une (grande) asperge** *ici : fig* une personne grande et mince (**une asperge** Spargel) | **12 dans la lune** *fig* rêveur | **17 une sage-femme** Hebamme | **17 un,e toubib** *fam* un docteur | **17 râler** meckern | **18 le sein** Brust | **20 la crème fraîche** Sahne | **20 menu, e** ≠ gros | **21 un pédiatre** un docteur qui s'occupe des enfants | **22 une vache à lait** Melkkuh | **24 téter** saugen | **25 se lâcher** *ici :* frei reden, lachen

– Je comprends mieux ta passion pour la cuisine ! a dit Jibé. Ça coule de source… Tiens, voilà mon cadeau. *Mes* cadeaux : il y en a pour vous deux.

Il a posé ses paquets sur la table.

Le premier, c'était un livre, enfin une BD : *Spiderman*, mais un Spiderman métis, et pas blanc comme celui que tout le monde connaît…

– Il vient juste de sortir aux States, tu n'imagines pas le scandale que ça fait là-bas, un Spiderman métis : c'est du délire ! Tous les réacs ont crié au scandale, en disant que c'était encore un coup d'Obama…

Il a tendu à Eva un petit paquet enveloppé dans du papier noir brillant :

– Je ne t'ai pas oubliée, Eva : joyeux non-anniversaire, ma belle…

Elle a défait son cadeau : une Catwoman en poupée Barbie, trop mignonne, avec tous les accessoires : un fouet, un masque de chat, des griffes, et un super joli costume en cuir noir… Eva est devenue rose bonbon :

– Merci Jibé, j'adore !

– On dirait toi, c'est pour ça que je l'ai prise.

Ophélie m'a donné une enveloppe avec un joli billet de cent euros : merci môman.

Jibé a posé une petite boîte devant moi :

– Ça, c'est à ouvrir en douce, Darwin, pas devant tout le monde…

J'étais trop curieux, je suis allé dans la salle de bain, et là j'ai éclaté de rire : c'était une boîte de préservatifs de toutes les couleurs, et à tous les parfums de fruits : *banana, coconut, strawberry*… Tutti-frutti quoi !

---

2 **ça coule de source** *expr* c'est logique | 6 **métis** [metis] Mischling | 9 **c'est du délire !** c'est fou ! | 9 **un réac** *abrév de* **réactionnaire** une personne très conservatrice | 15 **un fouet** Peitsche | 16 **une griffe** Kralle | 16 **le cuir** Leder

Eva m'a rejoint, soi-disant pour se laver les mains, tu parles, je
connais les filles… en voyant les pochettes, elle a souri.

L'air de rien, en se séchant les doigts, elle m'a demandé :

– Tu l'as déjà fait ?

5 – Oh ! des centaines de fois ! Et toi ?

– Je compte même plus.

On a éclaté de rire tous les deux.

Ensuite, je ne sais plus qui a commencé – elle ou moi ?

Nos lèvres se sont rapprochées, on pouvait plus se détacher, on est
10 restés longtemps comme ça – et bien sûr Banksy est sorti de sa capuche
pile à ce moment-là. Vous voudriez bien savoir si on s'est servi des
tutti-frutti cette nuit-là, pas vrai ? Eh bien, je vous dirai pas…

---

1 **soi-disant** angeblich | 3 **l'air de rien** ohne die Miene zu verziehen | 9 **se détacher** sich
lösen | 11 **pile** *ici :* exactement

note de l'auteur

Pourquoi – et comment – j'ai eu l'idée d'écrire *Banksy et moi.*

Une nuit, alors que je ne dormais pas – une chance –, j'ai reçu un coup de fil à trois heures du matin. C'était la police, le commissariat de la brigade fluviale : ils détenaient mon fils R., qui avait trouvé spirituel de décrocher un panneau rouillé sur un grillage de la SNCF – à trois mètres de hauteur, juste devant le commissariat – avec son meilleur ami, qui faisait collection desdits panneaux, qu'il glissait sous son lit.

L'ami était majeur, mais mon fils mineur, je devais débarquer en vitesse si je voulais pas qu'il passe la nuit là-bas.

Alors j'ai cherché un taxi dans la nuit.

Y en avait pas, j'ai remonté la rue longtemps, un taxi s'est arrêté.

Le chauffeur était une mama black, très sympa, qui m'a déposée, on a parlé de nos enfants, les bêtises qu'ils font parfois, tout ça, et elle est repartie dans la nuit.

Au retour, en compagnie du jeune délinquant, à nouveau, pas de taxi – il était cinq heures du mat' – on a marché, et puis un taxi s'est arrêté : le chauffeur était encore une mama black, très sympa, on a parlé, les enfants, tout ça, et puis on est rentrés chez moi.

Et c'est là, dans la nuit, que j'ai eu l'idée d'écrire *Banksy & moi*, devant R. endormi.

Si on veut en savoir plus sur Banksy (le graffeur ! pas le rat de Darwin), il faut voir le film documentaire Faites le mur *! (Exit through the Gift Shop) –* hilarant.

Il y aussi un bon livre sur Banksy, en français : Guerre et spray, *aux éditions Alternatives.*

---

3 **un coup de fil** un coup de téléphone | 3 **un commissariat** Revier | 4 **fluvial, e** → un fleuve | 4 **détenir** gefangen halten | 4 **spirituel, le** *ici :* drôle | 5 **décrocher** enlever | 5 **un panneau** Schild | 8 **majeur, e** volljährig | 8 **mineur, e** minderjährig | 8 **débarquer** *fam* arriver | 15 **un délinquant** Kleinkrimineller | 21 **un graffeur** Graffiti-Künstler | 22 **faire le mur** *expr* heimlich abhauen | 23 **hilarant, e** très drôle

La liste des abréviations

≠	antonyme de
→	mot de la même famille
°	h aspiré (pas de liaison : *le/la* devant un substantif, *je* devant un verbe)
abrév de	abréviation de
angl	de l'anglais
etw	etwas
f	féminin
fam	familier
fpl	féminin pluriel
jdm	jemandem
jdn	jemanden
m	masculin
mpl	masculin pluriel
qc	quelque chose
qn	quelqu'un
subj	subjonctif
vulg	vulgaire